AF293476

Nina Brodersen

e-Supply Chain

Wege der Optimierung

Bachelor + Master
Publishing

Brodersen, Nina: e-Supply Chain. Wege der Optimierung, Hamburg, Diplomica Verlag GmbH 2012
Originaltitel der Abschlussarbeit: Wege der Optimierung entlang der Supply Chain in Bezug auf die moderne Informations- und Kommunikationstechnologie

ISBN: 978-3-86341-307-1
Druck: Bachelor + Master Publishing, ein Imprint der Diplomica® Verlag GmbH, Hamburg, 2012
Zugl. Fachhochschule Koblenz - Standort RheinAhrCampus Remagen, Koblenz, Deutschland, Bachelorarbeit, August 2011

Bibliografische Information der Deutschen Nationalbibliothek:
Die Deutsche Nationalbibliothek verzeichnet diese Publikation in der Deutschen Nationalbibliografie; detaillierte bibliografische Daten sind im Internet über http://dnb.d-nb.de abrufbar.

Die digitale Ausgabe (eBook-Ausgabe) dieses Titels trägt die ISBN 978-3-86341-807-6 und kann über den Handel oder den Verlag bezogen werden.

INHALTSVERZEICHNIS

Abbildungsverzeichnis

Abkürzungsverzeichnis

AWTP	Awaiting Transportation
B2B	Business-to-Business
B2C	Business-to-Consumer
CD	Cross-Docking
EDI	Electronic Data Interchange
LOGSTAT	Logistikstatus
SC	Supply Chain
SCM	Supply Chain Management
TP	Transportation
VIN	Vehicle Identification Number
VMACS	Vehicle Monitoring and Control System
WebGIS	Web-based Geographic Information System

1 Einführung

1.1 Motivation

Das Thema Supply Chain Management hat in den letzten Jahren zunehmend an Bedeutung gewonnen. Diese Veränderung liegt darin begründet, dass die immer stärker werdenden Märkte einen fundamentalen Wandel erfahren. Weitere Aspekte sind die gestiegenen Kundenanforderungen, verkürzte Produktlebenszyklen, die zunehmende Globalisierung sowie die steigende Relevanz der modernen Informations- und Kommunikationstechnologien. All diese neuen Anforderungen erhöhen den Wettbewerbsdruck der einzelnen Unternehmen, die daraufhin häufig mit einer Konzentration auf ihre Kernkompetenzen und somit der Auslagerung von eigenen Prozessen an andere Unternehmen reagieren. Es wird also zunehmend wichtiger Unternehmensnetzwerke sowie Unternehmenskooperationen aufzubauen. Dies zwingt Unternehmen u.a. dazu ihre Supply Chains effektiver zu gestalten und neuartige Systeme einzuführen. Für ein Unternehmen ist es von großer Bedeutung schnell auf Veränderungen reagieren zu können, um weiterhin konkurrenzfähig zu bleiben.

Supply Chain Management ist ein strategisches Managementkonzept, welches die Geschäftsprozesse entlang der gesamten Wertschöpfungskette innerbetrieblich sowie unternehmensübergreifend steuert und optimiert.[1]
Dies kann mit Hilfe von modernen Informations- und Kommunikationstechnologien hinsichtlich Kosten, Flexibilität und Geschwindigkeit noch effizienter gestaltet werden, um fortwährend Wettbewerbsvorteile zu sichern. Hierbei ist zu erwähnen, dass ein durchgängiger Waren-, Informations- und Finanzfluss eine sehr wichtige Voraussetzung für die Planung, Koordination und Steuerung der Supply Chain darstellt.[2] Dies kann mit modernen e-Business-Technologien ausgeführt werden, womit das neue e-Supply Chain Management (eSCM) entsteht. Der Dipl.-Ing. Alexander Lichtneger von Atos Origin äußerte sich in einem Interview zum Thema E-Business und Supply Chain Management folgendermaßen: "Erst E-Business ermöglicht es, im SCM moderne Konzepte umzusetzen."[3] Diese kurze jedoch prägnante Aussage zeigt auf, wie bedeutsam die Integration von E-Business in die Prozesse entlang der Supply Chain ist und das eine Optimierung entlang der SCM hauptsächlich mit Hilfe der IT zu realisieren ist.

---

[1] Vgl. Wannenwetsch,H. / Nicolai,S. (2002), S. 1
[2] Vgl. Wannenwetsch,H. / Nicolai,S. (2002), S. 5
[3] Vgl. http://www.future-network.at/events_3.asp?eventid=159

Es ist vor allen Dingen wichtig, die tägliche Kommunikation zwischen Lieferanten, Herstellern und Logistikern zu verbessern. Um jedoch eine unternehmensübergreifende und durchgängige IT-Vernetzung realisieren zu können, müssen E-Business Bausteine eng mit den Modulen des SCM ineinander greifen und strategisch geplant werden.[4] Den meisten deutschen Unternehmen ist die Integration des E-Business entlang der Wertschöpfungskette bewusst, jedoch scheitert es bei vielen bislang an der Umsetzung. Hinzu kommt, dass die meisten Unternehmen zu stark kundenseitig geprägt sind und die Zulieferseite noch zu wenig mit einbeziehen. In Branchen, die einen vermehrten Wettbewerbsdruck erfahren, ist der Integrationsgrad jedoch weiter vorangeschritten. Es gibt also noch genügend Bereiche entlang der Supply Chain, die mithilfe der Informations- und Kommunikationstechnologie verbessert werden können.

1.2 Aufbau und Zielsetzung

Zu Beginn meiner Arbeit werde ich eine kurze Einführung in das Thema „Supply Chain Management" geben und die Bedeutung, Entwicklung und die Grenzen des SCMs erläutern. Daraufhin wird ein Modell vorgestellt, dass zur Beschreibung, Bewertung und Analyse von Supply Chains dient. Das zweite Kapitel schließt ab mit der Erklärung des Bullwhip-Effekts und einigen Optimierungsverfahren, sowie der Beschreibung des Paradigmenwechsels vom Verkäufer- zum Käufermarkt.

Das dritte Kapitel gibt Auskunft über die Rolle der IT in der Supply Chain und zeigt auf, wie wichtig die Einführung moderner Informations- und Kommunikationstechnologien geworden ist. Zudem wird in diesem Kapitel die Informations- sowie Kommunikationstechnik definiert und erläutert.

Im nächsten Kapitel geht es um die jeweiligen Instrumente zur Optimierung der Lieferkette. Diese werden zum einen unterteilt in moderne Kommunikationstechnologien, wie Internet, XML und EDI, und zum anderen in Front-End-Informationstechnologien, wie Online Shops und Elektronische Marktplätze etc.

Das fünfte Kapitel definiert und erläutert den Begriff des E-Business und deren Aktivitäten, wie z.B. e-Information, e-Commerce oder e-Collaboration. In den darauf folgenden Unterpunkten wird dann der Bereich des Supply Chain Managements auf elektronischer Basis definiert und erläutert, und die Ebenen des e-SCMs sowie deren

---

[4] Vgl. Kuhn,A./Hellingrath,H. (2002), S. 170

Bestandteile aufgezeigt und erklärt. Der letzte Punkt handelt vom Data Warehouse System und dessen Funktionsweise.

Das sechste Kapitel handelt von den e-SCM Anwendungsbereichen in Klein-, Mittel- und Großbetrieben. Es wird aufgezeigt, welche Funktionsbereiche für e-Supply Chain Manager wichtig sind und optimiert werden können. Des Weiteren werden die Zusammenhänge und deren Abläufe dargestellt.

Interessante Praxisbeispiele der DALOG Mehrwertdienste GmbH werden im siebten Kapitel dargestellt. Zum einen wird das neuartige WebGis-Projekt vorgestellt, welches eventuelle Schwierigkeiten im Bereich Fahrzeuglogistik auf einer Europakarte aktuell anzeigen kann. Zum anderen erhält man einen Einblick in die neue COSMon 1.0 Software.

Zum Schluss gibt es einen kurzen Ausblick auf die Trends, inwieweit das Optimierungspotenzial ausgeschöpft ist und welche möglichen Herausforderungen zukünftig auf die Unternehmen zu kommen.

Das Ziel meiner Arbeit ist herauszuarbeiten, welche Möglichkeiten es für Unternehmen gibt ihre Supply Chain in Bezug auf moderne Informations- und Kommunikationstechnologien zu verbessern. Dabei sollen auch neue Wege und Optimierungsmöglichkeiten für klein- und mittelständische Unternehmen aufgezeigt werden. Es wird jedoch nicht möglich sein, alle Möglichkeiten aufzulisten und zu erklären. Aus diesem Grund werde ich nur einzelne Themengebiete anschneiden und die wichtigsten Technologien oder Systeme erklären.

2 Die Supply Chain

2.1 Supply Chain Management (SCM)

2.1.1 Die Bedeutung des Supply Chain Managements

Erst seit Mitte der 90er Jahre sind die Begriffe „Supply Chain" und „Supply Chain Management" in den Mittelpunkt der Logistik gerückt. Spricht man von „Supply Chain" – sind damit Begriffe wie „Versorgungskette", „Wertschöpfungskette" oder auch „Logistikkette" gemeint. Im Vordergrund stehen alle Prozesse, die notwendig sind, um Kunden bzw. Märkte zu versorgen, u.a. Prozesse, die beschreiben, wie Produkte oder Dienstleistungen hergestellt werden, transportiert werden und am Ende den Kunden erreichen, sogenannte Materialflüsse.[5] Weitere Prozesse, die eine wichtige Rolle spielen, sind zudem die Informationsflüsse, die die Aktivitäten entlang der Wertschöpfungskette in Gang setzen und steuern, und die Geldflüsse, die zwischen den einzelnen Akteuren fließen.

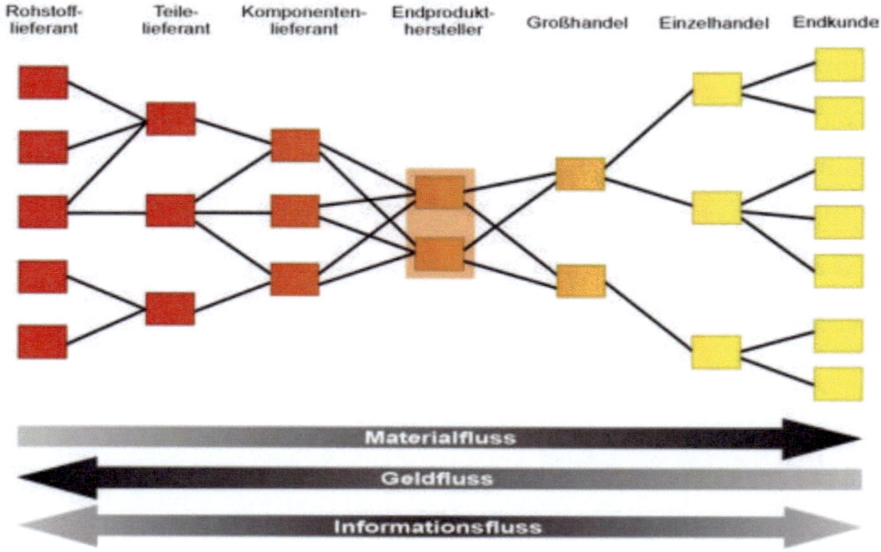

Abbildung 1: Supply Chain als Netzwerk[6]

Eine logistische Wertschöpfungskette ist ein Zusammenschluss mehrerer Organisationseinheiten, die im direkten Zusammenspiel ein Produkt oder eine Dienstleistung hervorbringen. Hierbei ist es nicht von Bedeutung, zu welchem Unternehmen die Organisationseinheit gehört. Die Kundenzufriedenheit und die Kundenbeziehung

---

[5] Vgl. Klaus,P./Krieger,W. (2008), S. 546
[6] Vgl. http://www.economics.phil.uni-erlangen.de/bwl/lehrbuch/kap3/scm/scm.PDF

können mithilfe eines effektiven und optimierten Supply Chain Managements gesteigert werden. Denn Unternehmen müssen sich im Klaren sein, dass hauptsächlich die treuen Kunden das Unternehmen profitabel machen.

Die Kundenbedürfnisse werden immer individueller, welches eine flexible Produktion in den Unternehmen voraussetzt. Kunden wünschen sich: [7]

- kurzfristige Bestellungen,
- eine schnelle Lieferung,
- flexible Bestelländerung,
- präzise Lieferzusage und
- das Einhalten der Lieferzeit.

Supply Chain Management hat Auswirkungen auf die Parameter Zeit, Kosten und Qualität. Daher können all diese Punkte mithilfe eines effizienten Supply Chain Managements erfüllt werden. Außerdem können entstehende Kostenvorteile an die Kunden weitergegeben und somit die Kundenzufriedenheit erneut gesteigert werden. Ein weiterer wichtiger Punkt, um qualitativ den Kontakt mit Verbrauchern und Händlern zu verbessern ist hierbei das Internet. Dazu jedoch später mehr.[8]

Die einzelnen Akteure stehen also noch immer vor wachsenden Herausforderungen – und zwar entlang der gesamten unternehmensübergreifenden Wertschöpfungskette. Daher sollte es für die Unternehmen von großer Bedeutung sein, die Logistikkette sowohl innerbetrieblich als auch überbetrieblich stets zu optimieren.

Der Begriff „Supply Chain Management" (SCM) bedeutet das Management dieser Wertschöpfungskette. Wenn man sich mit dieser Thematik befasst, erkennt man schnell, dass es eine Vielzahl von Definitionen und Auffassungen von Supply Chain Management gibt. Ein Grund dafür ist, dass „der Ansatz des Supply Chain Managements nicht in der betriebswirtschaftlichen Theorie, sondern in der unternehmerischen Praxis entstanden ist."[9] Eine der prägnantesten und gängigsten Definition, die zudem auch leicht zu verstehen ist, ist nach Kuhn/Hellingrath:

---

[7] Vgl.   http://www.business-wissen.de/handbuch/supply-chain-management/supply-chain-management-und-die-zusammenarbeit-mit-lieferanten/
[8] Vgl. Bartsch,H./Bickenbach,P. (2001), S. 38
[9] Vgl. Schmidt,D. (2006), S. 18

„Supply Chain Management ist die integrierte prozessorientierte Planung und Steuerung der Waren-, Informations- und Geldflüsse entlang der gesamten Wertschöpfungskette vom Kunden bis zum Rohstofflieferanten(…)"[10]

Um einmal die Bandbreite an Definitionen darzustellen, sind hier einige unterschiedliche Beispiele an Definitionen von SCM aufgezeigt:

Buscher definiert Supply Chain Management als ein „strategisches Unternehmensführungskonzept, das darauf abzielt, die Geschäftsprozesse, die entlang der Versorgungskette (Supply Chain) vom ersten Rohstofflieferanten bis zum Endverbraucher auftreten, zur Kundenzufriedenheit zu gestalten".[11]

Nach Cooper/Lambert/Pagh wird SCM definiert als: „The integration of all key business processes across the supply chain is what we are calling supply chain management."[12]

Für Pillep/Wrede bedeutet SCM folgendes: „Die Idee des SCM ist die Weiterentwicklung der logistischen Logik. Das klassische Logistik-Management beschäftigt sich mit der Optimierung Material- und Informationsflüsse einer Organisation. Der Ansatz des SCM konzentriert sich dagegen auf die vollständige Integration aller Partner einer logistischen Kette. SCM bedeutet somit die partnerschaftliche Gestaltung, Integration, Planung und Steuerung aller Elemente durchgängiger Wertschöpfungsketten mit dem Ziel, sowohl die Kosten zu senken als auch die logistischen Leistungsgrößen über alle Wertschöpfungsstufen zu optimieren."[13]

Bei einigen Autoren wird die Betrachtung auf den Material- und Informationsfluss beschränkt. Andere wiederum geben eine ausführlichere Definition, die wesentlich umfassender ist und alle Wertschöpfungsprozesse, wie auch die Finanzflüsse, aufzeigen.

Das SCM verfolgt viele Ziele. Neben der Reduktion der Lagerhaltungskosten, das z.B. mit Hilfe von JIT realisiert werden kann, und der Senkung der Gesamtlaufzeit, ist die Optimierung des Informationsflusses sehr wichtig. Die meisten Fehler, die innerhalb der Supply Chain entstehen, beruhen auf Kommunikationsproblemen zwischen den einzelnen Akteuren. Somit stellt die Erhöhung der Transparenz ein wichtiges Ziel dar.

---

[10] Vgl. Kuhn,A./Hellingrath,H. (2002), S. 10
[11] Vgl. Benninger,S./Grandjot,H-H. (2001), S. 69
[12] Vgl. Cooper,M.C./Lambert,D.M./Pagh,J.D. (1997), S. 11
[13] Vgl. Schulze,U. (2009), S. 34

Ein weiteres Ziel ist die Steigerung der Kundenzufriedenheit. Hauptziel ist hier jedoch die Gewährleistung eines reibungslosen Lieferablaufs innerhalb der Supply Chain.[14]

Zusammenfassend kann jedoch gesagt werden, dass es im Supply Chain Management hauptsächlich um die Planung und Steuerung der Prozesse entlang der Wertschöpfungskette vom Hersteller bis hin zum Endkunden geht, mit dem Ziel der Kostenminimierung.

2.1.2 Die Entwicklung von MRP zu SCM

Ein bekanntes Sprichwort „If you fail to plan, you plan to fail"[15] gab Anfang der sechziger Jahre den Anreiz die ersten computergestützten Planungssysteme zu entwickeln. Aufgrund der immer komplexeren innerbetrieblichen Planung und der sich stets verbesserten Technologie, die es ermöglicht Unternehmen bei der Planung und Optimierung zu unterstützen, nahm die Entwicklung von solchen Planungssystemen zu. In den letzten 50 Jahren haben sich demnach die Systeme fortwährend verbessert und zudem kamen neue Entwicklungen hinzu, die die Planung, Steuerung und Koordination aller Geschäftsprozesse inner- und überbetrieblich unterstützen.[16] In den folgenden Unterpunkten wird nun ausführlich auf die einzelnen Planungssysteme eingegangen.

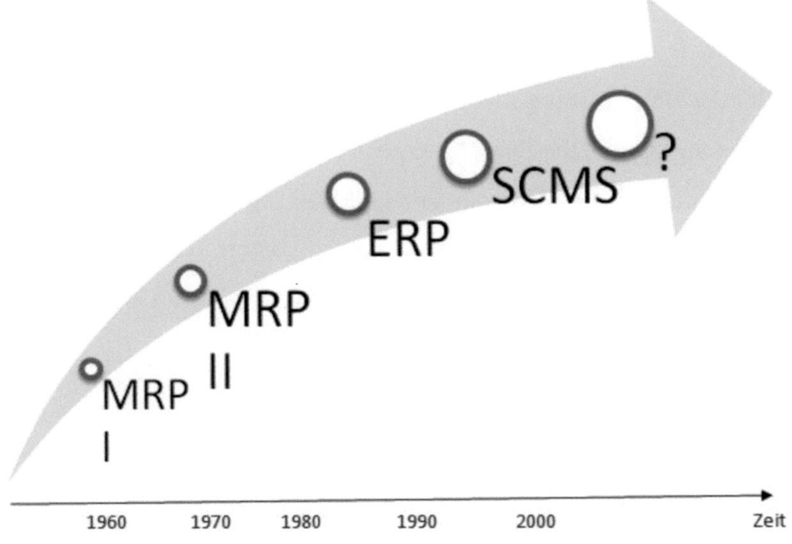

Abbildung 2: Entwicklung der Planungssysteme (eigene Darstellung)

---

[14] Vgl. http://www.economics.phil.uni-erlangen.de/bwl/lehrbuch/kap3/scm/scm.PDF
[15] Vgl. Wannenwetsch,H. (2005), S. 57
[16] Vgl. Wannenwetsch,H. (2005), S. 57

2.1.2.1 Material Requirement Planning (MRP I)-Systeme

Die ersten unterstützenden Planungssysteme waren die Material Requirement Planning (MRP I)-Systeme, die nicht mehr ausgehend vom Verbrauch den Bedarf an Halbfertigerzeugnissen, Rohstoffen und Zukaufteilen errechnen, sondern durch das Zerlegen der Stücklistenstrukturen eines geplanten Bedarfs an Enderzeugnissen. Das MRP I-System war jedoch nur in der Lage die Termin- sowie Mengenplanung der benötigten Materialien zu organisieren. Weitere wichtige Planungen, wie z.B. die der „Verfügbarkeitsprüfung von benötigten Ressourcen, wie Maschinen-, Personal-, Finanz- oder Transportkapazitäten wurden vernachlässigt, weshalb durch MRP I nicht garantiert werden konnte, dass ein erstellter Produktionsplan durchführbar war."[17]

2.1.2.2 Manufacturing Resource Planning (MRP II)-Systeme

In den siebziger Jahren wurden daraufhin Manufacturing Resource Planning (MRP II)-Systeme entwickelt. Diese Erweiterung ermöglicht zudem eine Kapazitätsplanung und ist der Grundstein der modernen Produktionsplanungs- und -steuerungssysteme (PPS-Systeme). Der Grundgedanke der MRP II-Systeme ist eine vollständige markt- und ressourcenorientierte Planung der Absatz-, Produktions- und Bestandsmengen. Mithilfe dieser Erweiterung ist es möglich die Ressourcen in Bezug auf Personal, Material und Maschinen abzugleichen, um damit z.B. Materialbestände sowie Maschinenkapazitäten anhand von Arbeitsplänen zu bewerten. Die Planungsschritte werden sequenziell abgearbeitet, wodurch eine lange Planungsdauer entsteht. Ein weiterer Nachteil ist, dass aufgrund der langen Planungszyklen die Planungsergebnisse oft veraltet sind.[18]

Kommt es zudem zu kurzfristigen Ressourcenengpässen, können keine genauen Planungsergebnisse geliefert werden. Die Planung ist im MRP II-System nur auf betriebsinterne Sicht bezogen und enthält somit nicht die Anbindung zu den Lieferanten und Kunden.

2.1.2.3 Enterprise Resource Planning (ERP)-Systeme

Selbst die Weiterentwicklung von MRP II-Systemen, die sogenannten Enterprise Ressource Planning (ERP)-Systeme, die Mitte der achtziger Jahre entstanden, konnten keine grundsätzliche Veränderung der Planungssystematik generieren. Es wurden

---

[17] Vgl. Wannenwetsch,H./Nicolai,S. (2002), S. 81
[18] Vgl. Bartsch,H./Bickenbach,P. (2001), S. 26-27

hauptsächlich nur weitere Unternehmensfunktionen wie z.B. Personalwesen, Einkauf, Controlling und Rechnungswesen integriert.[19] Schwächen zeichneten sich hier jedoch auf der Planungs- und Distributionsebene ab.

Mithilfe der ERP-Systeme konnte der innerbetriebliche Informationsfluss verbessert und die kompletten, internen Geschäftsprozesse abgebildet werden. Viele Unternehmen verfügen heute über ERP-Systeme von Softwareherstellern, wie SAP, BaaN, Peoplesoft, J.D.Edwards und Oracle.[20] Das Internet kann zudem helfen andere Unternehmen, die kein ERP-System installiert haben, zu integrieren. Zudem wurde es den Unternehmen ermöglicht die internen Prozesse zu optimieren sowie die Daten anderer Bereiche mit in die Planung zu integrieren. Die nötige betriebsübergreifende Optimierung, die erst eine erfolgreiche Supply Chain Planung ermöglicht, konnte mit ERP-Systemen, die immer noch auf dem Entwurf der MRP II-Systeme beruhen, nicht erreicht werden.[21] Als Konsequenz daraus wurden die Supply Chain Management (SCM)-Systeme in den neunziger Jahren entwickelt. Dazu mehr im nächsten Abschnitt.

2.1.2.4 Supply Chain Management (SCM)-Systeme

Bei den Supply Chain Management (SCM)-Systemen handelt es sich um eine neue Generation von Planungssystemen. „SCM-Systeme umfassen die integrierte Planung, Simulation, Optimierung und Steuerung der Waren-, Informations- und Geldflüsse entlang der gesamten Wertschöpfungskette vom Kunden bis hin zum Rohstofflieferanten.“[22]

Diese Systeme ermöglichen nicht nur die Optimierung der Logistikprozesse innerhalb der Unternehmen, sondern auch die der Kunden und Lieferanten entlang der gesamten Supply Chain. Dies hat mehrere Vorteile:[23]

---

[19] Vgl. Wannenwetsch,H. (2005), S. 60
[20] Vgl. Wannenwetsch,H./Nicolai,S. (2002), S. 82
[21] Vgl. Wannenwetsch,H. (2005), S. 60
[22] Vgl. Wannenwetsch,H. (2005), S. 61
[23] Vgl. Bartsch,H./Bickenbach,P. (2001), S. 30

- Verkürzung der Lieferzeiten

- Reduzierung der Kosten (Logistik-und Vertriebskosten) aufgrund einer Verbesserung der Planungsaktivitäten

- Optimierung der Lagerbestände und Reduzierung des Lagervolumens

- Steigerung der Reaktionsfähigkeit durch Echtzeitdaten

- Optimierung des Informationsflusses innerhalb der Supply Chain

SCM-Systeme wurden so entwickelt, dass alle Planungsschritte parallel bearbeitet werden können. Desweiteren können Restriktionen vor jedem Planungslauf variable eingestellt werden, so dass bei wechselnden Bedingungen, wie z.B. unterschiedliche Optimierungsschwerpunkte wie Kosten, Durchlaufzeit oder Termintreue, das beste und optimalste Resultat aufgezeigt werden kann. Ziel der SCM-Systeme ist die optimal geplante Supply Chain vom Kunden bis zum Lieferanten.

Dies ist nur möglich, wenn das Unternehmen ein gutes ERP-System als Datenbasis hat.[24] Dies zeigt die starke Abhängigkeit dieser beiden Systeme auf.

Der Vorteil liegt dabei in der Implementierung der SCM-Systeme, da diese „über Schnittstellen auf Datenbasen bereits eingeführter, kosten- und zeitintensiver ERP-Implementierungen"[25] aufbauen. Daher sind die Kosten gegenüber der Einführung von neuen ERP-Systemen relativ preiswert und die Investition hat sich schon bald amortisiert.

Viele der bekannten ERP-Softwareanbieter, wie SAP, J.D.Edwards oder ORACLE haben SCM-Funktionen in ihre Software integriert. Entweder aus eigener Forschung, wie z.B. die SAP AG mit SAP Advanced Planner & Optimizer (APO) oder durch das Aufkaufen von SCM-Anbieter, wie es Baan und Peoplesoft gemacht haben.

2.1.3 Grenzen des Supply Chain Management

Die genannten Potenziale des Supply Chain Managements können die Effizienz eines Unternehmens drastisch erhöhen. Im SCM werden alle Akteure entlang der Supply Chain mit einbezogen, welches eine Kooperation zwischen den Unternehmen voraussetzt. Dies bringt einige Probleme mit sich, wie z.B. mangelndes Vertrauen, Offenle-

---

[24] Vgl. Wannenwetsch,H. (2005), S. 61
[25] Vgl. Wannenwetsch,H./Nicolai,S. (2002), S. 87

gung von Betriebsgeheimnissen, unterschiedliche Unternehmenskulturen, fehlende gemeinschaftliche Vision, Kommunikationsschwierigkeiten an Schnittstellen etc.[26]

Es gibt zudem weitere Probleme, die bei der Einführung von SCM in einem Unternehmen auftreten können. Beim Aufbau eines SCM-Modells werden extrem große Mengen an aktuellen Daten benötigt.

Oft haben Unternehmen jedoch mit ungleichen Datenformaten oder unterschiedlichen Aktualitätsgraden zu kämpfen. Zudem erschwert das unterschiedliche IT-Niveau der Kooperationspartner die Einführung von IT-Systemen. Hinzu kommen Widerstände der Mitarbeiter und ungeeignete Organisationsstrukturen, die den Aufbau erschweren.

2.2 SCOR-Modell

Unternehmen haben sich früher meist auf ihre eigenen Bereiche, wie Planung, Beschaffung, Produktion und Absatz, konzentriert. Heute ist es wichtig die gesamte Lieferkette vom Lieferanten bis hin zum Endkunden, sowie auch die Entsorgungs- oder Recyclingprozesse zu optimieren, um eine optimale Produkt- und Servicequalität zu erlangen. Das SCOR-Modell ist ein sogenanntes Prozess-Referenzmodell, das die Zusammenhänge entlang der Supply Chain verdeutlichen soll, um die Kommunikation zwischen den einzelnen Partnern effektiver zu gestalten und „um Supply-Chain Konfigurationen zu beschreiben, zu messen und zu evaluieren".[27]

Dazu wird eine Modellabbildung der Lieferkette entwickelt, um die Supply Chain informationstechnisch zu unterstützen. Um eine Kompatibilität der Prozesse innerhalb der Wertschöpfungskette zu erreichen, ist es sinnvoll die Modelle einheitlich anzufertigen. Außerdem kann damit den Unternehmen die Möglichkeit gegeben werden in verschiedenen Supply Chains zu agieren.[28]

---

[26] Vgl. Lawrenz,O./Hildebrand,K./Nenninger,M. (2001), S. 59
[27] Vgl. http://www.ebz-beratungszentrum.de/logistikseiten/artikel/referenz-scm.html
[28] Vgl. Benninger,S./Grandjot,H-H. (2001), S. 87

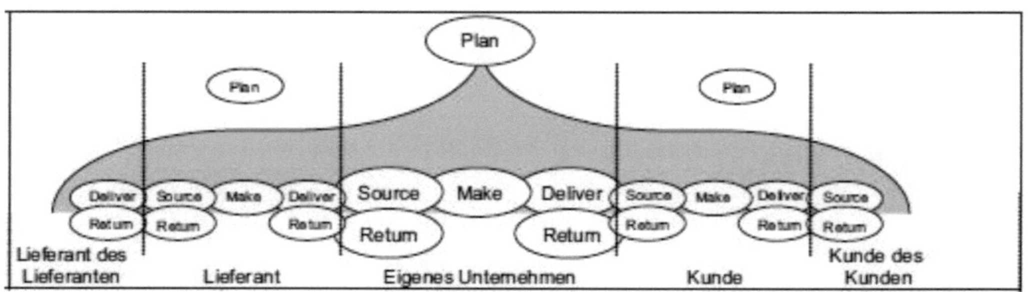

Abbildung 3: SCOR-Modell des Supply Chain Council[29]

Das SCOR-Modell ist der weltweite Standard für Supply Chain Management und wird von dem Supply Chain Council erarbeitet. Diese Non-Profit Organisation wurde 1996 in den USA gegründet.[30]

Das SCOR-Modell besteht aus drei hierarisch geordneten Ebenen. Die vierte Ebene zeigt die Implementierungsebene an und wird nicht weiter spezifiziert.

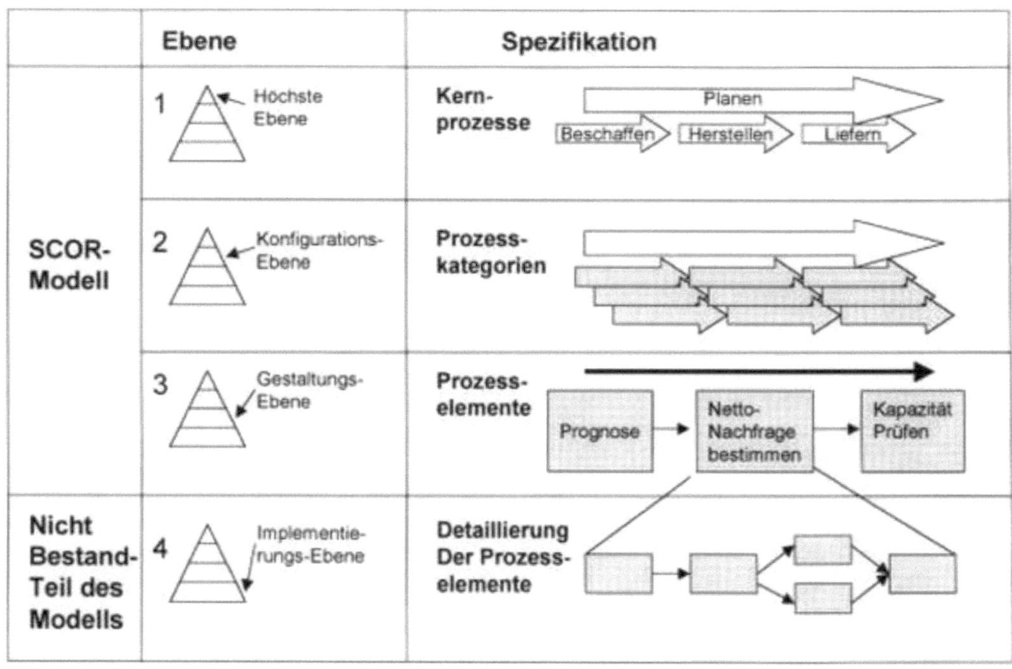

Abbildung 4: Ebenen des SCOR-Modells[31]

Auf der höchsten Ebene geht es um die Kernprozesse „Plan", „Source", „Make", „Deliver" und „Return". „Plan" umfasst alle Planungsprozesse entlang der Supply Chain und hat daher einen übergeordneten Charakter, da dieser auch die Planung der anderen Kernprozesse beinhaltet. „Source" bezeichnet den Prozess der Beschaffung von

---

[29] Vgl. http://supply-chain.org/f/SCOR-Overview-Web.pdf
[30] Vgl. http://supply-chain.org/about
[31] Vgl. http://www.ebz-beratungszentrum.de/logistikseiten/artikel/referenz-scm.html

Waren. „Make" beinhaltet die Prozesse der Produktionsdurchführung. Bei „Deliver" handelt es sich um sämtliche Distributionsaktivitäten, wie die Bestellung und Auslieferung von Waren zum Kunden. „Return" umfasst die Abwicklung von zurückgesendeten Waren.[32]

Die zweite Ebene ist die Konfigurationsebene. Hier werden die Kernprozesse nach verschiedenen Prozesstypen in Prozesskategorien unterteilt. Aufgrund dieser Verbindung von Prozessen und Prozesstypen kann eine Matrixstruktur entwickelt werden, die alle wichtigen Prozesskombinationen aufzeigt, die für den Aufbau einer Wertschöpfungskette notwendig sind. Schnittstellenprobleme und redundante Tätigkeiten werden hier aufgezeigt und beseitigt.[33]

In der Gestaltungsebene, der dritten Ebene des Modells, werden die einzelnen Prozesskategorien durch Prozesselemente dargestellt.
Es werden die einzelnen Teilprozesse detailliert beschrieben und aufgezeigt. In dieser Stufe geht es auch darum, welche Methoden und Verfahren ein Unternehmen anwenden soll (Best-Practice).[34]

2.3   Der Bullwhip-Effekt - Anforderungen und Probleme des Supply Chain Managements

In mehrstufigen Lieferketten lässt sich oft beobachten, dass auf Seiten der Endkunden die Nachfragevariabilität in Bezug auf Bestellmenge und Lagerbestand relativ konstant ist. Je weiter man dann jedoch in Richtung der Produzenten und deren Zulieferern kommt, wird die Nachfrage immer unregelmäßiger. „Je weiter man [also] stromaufwärts in der Supply Chain ist, umso größer ist die Variabilität der Nachfrage"[35].

Dieser sogenannte Begriff des Bullwhip-Effekts (Peitschenschlag-Effekt) hat das Unternehmen Procter & Gamble in den 90er Jahren geprägt, da aufgrund einer Marktuntersuchung seiner Pampers-Windel Produktion diese Bestellunregelmäßigkeiten entlang der Supply Chain aufgetreten sind.[36] Dieser Effekt ist bei den meisten Konsumgütern zu beobachten.

---

[32] Vgl. www.alexandria.unisg.ch/export/DL/37087.pdf
[33] Vgl. Wochnik,L. (2010), S. 14f.
[34] Vgl. Röderstein,R. (2009), S. 13
[35] Vgl. http://www.advanced-planning.de/advancedplanning-239.htm
[36] Vgl. http://www.enzyklopaedie-der-wirtschaftsinformatik.de/wi-enzyklopaedie/lexikon/informationssysteme/crm-scm-und-electronic-business/Supply-Chain-Management/Planung-in-Lieferketten-und--netzwerken/Bullwhip-Effekt

Der Bullwhip-Effekt zeigt die Koordinationsprobleme in mehrstufigen Lieferketten auf und wird oft verwendet, um im Supply Chain Management die Herausforderungen, Probleme und Schwächen von Lieferketten darzustellen.

Außerdem soll damit die Notwendigkeit des Einsatzes von modernen informations- und kommunikationstechnologischen Maßnahmen im Supply Chain Management aufgezeigt werden.

Einige Probleme, die aufgrund des Bullwhip-Effekts auftreten sind u.a. Lieferverzögerungen, Engpässe und Fehlmengen. Sollten Produkte aufgrund von Lieferverzögerungen fehlen, können die nächsten Stufen in der Supply Chain nicht termingerecht bedient werden. Somit kann die ganze Produktion gefährdet werden. In der folgenden Abbildung kann man den Bullwhip-Effekt deutlich erkennen:

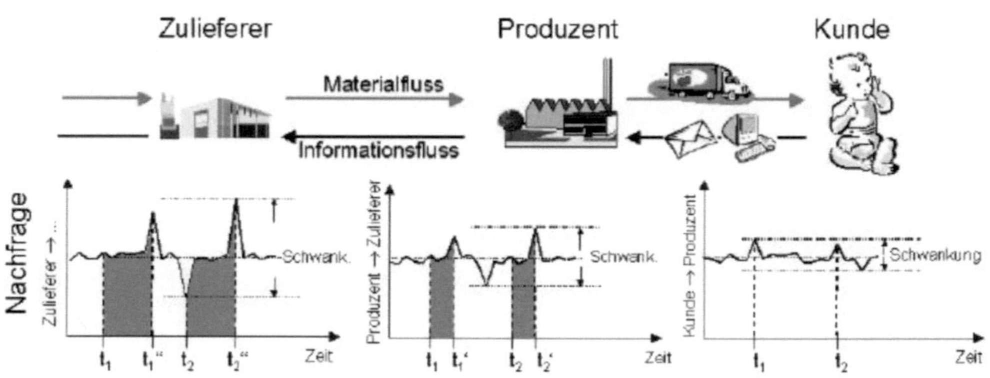

Abbildung 5: Bullwhip-Effekt entlang der SC[37]

Ursachen können u.a. sein:[38]

- Mangelnde Informationsweitergabe
- Lange Auftragsdurchlaufzeiten
- Werbeaktionen und Preisfluktuation
- Losgrößen bzw. unterschiedliche Bestellmengen

Es gibt unterschiedliche Maßnahmen und Verfahren, um den Bullwhip-Effekt einzudämmen. Zu nennen sind hier z.B. Vendor Managed Inventory (VMI), Cross-Docking, Efficient Consumer Response (ECR) und Collaborative Planning Forecasting und

---

[37] Vgl. www.springer.com/?SGWID=4-102-45-148923-0
[38] Vgl. http://www.enzyklopaedie-der-wirtschaftsinformatik.de/wi-enzyklopaedie/lexikon/informationssysteme/crm-scm-und-electronic-business/Supply-Chain-Management/Planung-in-Lieferketten-und--netzwerken/Bullwhip-Effekt

Replenishment (CPFR). Im nächsten Abschnitt finden Sie eine ausführlichere Erläuterung zu den einzelnen Gegenmaßnahmen.

2.3.1 Optimierungsmaßnahmen

2.3.1.1 Vendor Managed Inventory (VMI)

VMI bedeutet, dass die Verantwortung aller Entscheidungen in Bezug auf die Bestände des Händlers oder Großhändlers an die Hersteller oder Zulieferer übertragen wird. Dadurch wird dem „Hersteller die Disposition des Warenbestandes im Lager des Handels"[39] ermöglicht, wodurch dieser zusätzliche Informationen über aktuelle Verkäufe und den jeweiligen Lagerbeständen bekommt. Dieses Modell lässt aufgrund der erhöhten Transparenz in Bezug auf Planungsinformationen eine Vermeidung doppelter Sicherheitsbestände zu. Bestandskosten können somit reduziert und der Service erhöht werden.[40] Die jeweiligen Vor- und Nachteile sind u.a.:[41]

+ Enge Geschäftsbeziehungen → Erhöhung der Kundenbindung
+ Geringe Lagerbestände
+ Datenkonsistenz
+ Schnelle Reaktion des Lieferanten auf Bedarfsschwankungen (täglicher Datenaustausch)
+ Reduktion des Bullwhip-Effekts

Im Gegensatz dazu, gibt es auch einige Nachteile:

– Einmalige Investitionskosten
– Sortimentsabhängig
– Vertrauen zw. den Partnern – Einblicke in die Geschäftsdaten des Kunden

Die Daten werden über das Internet oder mithilfe von Electronic Data Interchange (EDI) vom Händler zum Lieferanten übertragen. Ziel dieser VMI-Programme ist es stets die Mindestvorräte an Materialien zu garantieren, d.h. eine hohe Verfügbarkeit bei geringem Lagerbestand zu sichern, um eine optimale Produktion zu gewährleisten.

---

[39] Vgl. Schulte,C. (2008), S. 496
[40] Vgl. Schulte,C. (2008), S. 496
[41] Vgl. http://www.soltar.biz/tl_files/artack/downloads/100223%20Vendor%20Managed%20Inventory_final.pdf

2.3.1.2 Cross-Docking

Cross-Docking ist eine Strategie zur Verbesserung des Materialflusses, um u.a. den Bullwhip-Effekt entlang der Lieferkette entgegen zu wirken. Cross-Docking entstand in den 90er Jahren und ist ein Distributionssystem, dass die Distributionszentren nicht als Warenlager, sondern als Warenumschlagsplatz nutzt. Die Produkte werden von den Herstellern angeliefert und direkt kommissioniert und an die jeweiligen Kunden bzw. Händler weitergeleitet. Da die Waren hier meist nur für den Umschlag zur Lagerung bereitstehen, ergeben sich geringe Lagerhaltungskosten. Desweiteren werden die Durchlaufzeiten stark minimiert. Dieses Distributionssystem ist jedoch nur für große Distributionsnetzwerke geeignet, die große Mengen an Gütern und Waren an Kunden verteilen. Durch die Verringerung der Durchlaufzeit wird eine Ursache des Bullwhip-Effekts eingedämmt. Für dieses System benötigen die beteiligten Akteure entlang der Supply Chain ausgereifte Informationssysteme, um eine optimale Planung zu gewähr-leisten.[42]

2.3.1.3 Efficient Consumer Response (ECR)

Beim ECR geht es um die Optimierung der Geschäftsprozesse zwischen Industrie und Handel mit der Orientierung auf den Kunden. Hiermit sollen optimierte Waren- und Informationsströme realisiert werden. Es geht vor allen Dingen darum die Prozesse, die nicht zur Wertschöpfung beitragen, zu reduzieren oder gar zu eliminieren, um eine Effizienzsteigerung zu generieren. Desweiteren wird eine enge Kooperation zwischen den beteiligten Geschäftspartnern vorausgesetzt, um gemeinsame Prozesse effizienter zu gestalten.[43]

Mithilfe von ECR können folgende Vorteile realisiert werden:[44]

- Erhöhung der Prognosequalität
- Kürzere Lieferzeiten
- Verringerung der Auswirkung des Bullwhip-Effekts durch verbesserte Information in der Logistikkette
- Reduktion der Transport-, Verpackungs- und Kommissionierungskosten

---

[42] Vgl. http://heipri.wordpress.com/2008/07/04/was-tun-gegen-den-bullwhip-effekt/
[43] Vgl. Lang,C. (2010), S. 4
[44] Vgl. http://www.vnl.at/ECR.204.0.html

Ein integriertes Informationssystem und eine Gewährleistung, dass die POS-Daten stets zur Verfügung stehen, sind wichtige Voraussetzungen für eine effiziente ECR Realisierung. „Die ECR-Technologien und Techniken, auch Enabling Technologies genannt, behelfen sich mit Electronic Data Interchange (EDI), Electronic Fund Transfer (EFT), Scannern, EAN-Code, Benchmarking, Acitivity Based Costing und Business Process Reengineering."[45]

Mit dem Efficient Consumer Response kann eine unternehmensübergreifende sowie globale Optimierung erreicht werden.

2.3.1.4 Collaborative Planning Forecasting and Replenishment (CPFR)

„CPFR ist ein Prozess zur Entwicklung einer gemeinsamen Prognose der Konsumentennachfrage, die die Planung entlang der gesamten Wertkette steuert."[46] Im CPFR sind alle Partner, wie Händler, Hersteller, Logistikdienstleister, entlang der Supply Chain gleichberechtig und bedienen sich einer Informationsquelle. Für den Austausch an relevanten Daten, sowie einer gemeinsamen Planung wird eine extrem hohe Vertrauensbasis vorausgesetzt. Desweiteren müssen einheitliche Datenformate, Übertragungs- und Sicherheitsstandards realisiert werden. Dieses Konzept ist eine Weiterentwicklung des oben beschriebenen ECR-Ansatzes.[47]

Auch in diesem Konzept werden effiziente Informationssysteme benötigt, um Daten auszutauschen. Das Internet kann in diesem Fall als eine sehr kostengünstige Plattform optimal genutzt werden. Das Collaborative Planning Forecasting and Replenishment-Konzept verfolgt das Ziel die Zusammenarbeit der Hersteller mit den Händlern zu vereinheitlichen, um die Supply Chain effizienter zu gestalten. Ein weiteres Ziel ist u.a. die Reduktion der Lagerbestände und die Vermeidung der Versorgungsengpässen.[48]

Vorteile sind z.B. Vermeidung von Out-of-Stock Situationen, Erhöhung der Prognosequalität, Verringerung des Bullwhip-Effekts, Verminderung von Fehlerfolgekosten und Falschlieferungen.

Nachteile sind wiederrum hohe Investitionskosten sowie notwendige Weitergabe an Geschäftsdaten.

---

[45] Vgl. http://www.vnl.at/ECR.204.0.html
[46] Vgl. Lenz,T. (2008), S.98
[47] Vgl. Lenz,T. (2008), S.98
[48] Vgl. http://www.vnl.at/CPFR.188.0.html

2.4 Vom Push- zum Pull-Prinzip[49]

Verkäufermärkte (Push-Prinzip) existierten noch bis ca. Anfang/Mitte der 90er Jahre. Danach entwickelten sich diese vermehrt zu Käufermärkten (Pull-Prinzip). Diese Entwicklung fand statt, da Kunden zunehmend bestimmten was sie wollten, wie sie es wollten und wann sie es wollten.

Beim Push-Prinzip drückten die Hersteller ihre produzierten Güter über die Zwischenhändler zu den jeweiligen Endkunden durch. Der Produzent muss hier also die Verkaufszahlen und Lagerbestände seiner Geschäftspartner selbst analysieren und diese Informationen für die Planung seiner Produktion verwenden.

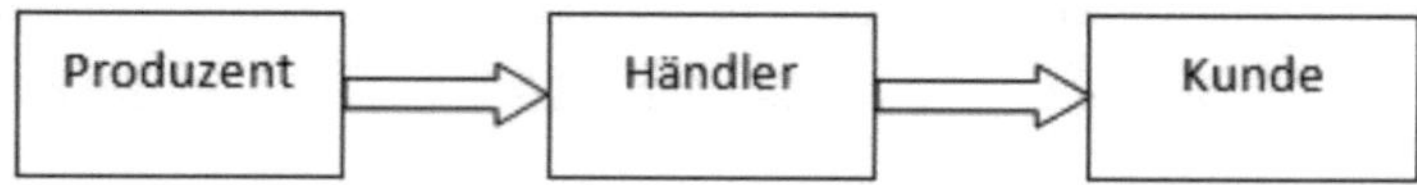

Abbildung 6: Push-basiertes SCM (Eigene Darstellung)

Anders ist es beim sogenannten Pull-Prinzip. Dort wird die Produktion anhand der Verkäufe beim Händler ausgelöst. Unternehmen sind nun gefordert, nur die Anzahl an Produkten zu fertigen, die auf dem Markt tatsächlich benötigt werden. Daher müssen Unternehmen in ihrer Produktion sehr flexibel sein.

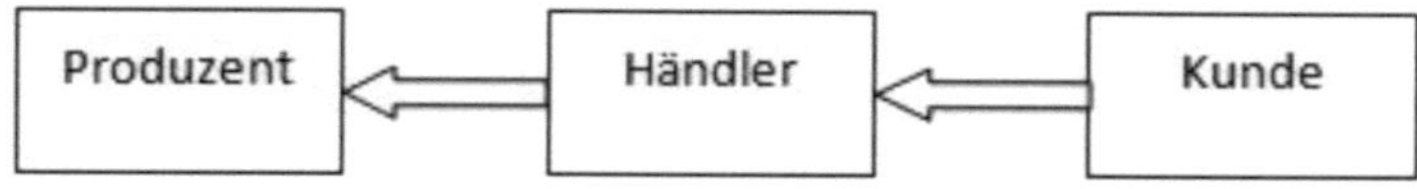

Abbildung 7: Pull-basiertes SCM (Eigene Darstellung)

Bei diesem Pull-Prinzip spielt die Informationstechnologie eine entscheidende Rolle, da erst mit dem Einsatz von IT die Informationen über das Kaufverhalten besser verwaltet und analysiert werden können. Damit können die Beschaffungs-, Produktion- und Absatzpläne entlang der gesamten Lieferkette optimiert werden. [50] Desweiteren muss aufgrund der Globalisierung und dem zunehmenden Wettbewerb eine schnelle Auslieferung der produzierten Güter und Waren realisiert werden. Die Verringerung der Durchlaufzeiten kann mit Hilfe des Einsatzes moderner ERP sowie SCM-Systemen und der Einbeziehung des Internets ermöglicht werden.[51]

---

[49] Vgl. Benninger,S./Grandjot,H.H (2001), S. 83
[50] Vgl. http://old-skool.net/knowledgebase.php?rubrik=0&topic=0&page=3.1.
[51] Vgl. Wannenwetsch,H./Nicolai,S. (2004), S.119f.

3 Die Rolle der IT in der Supply Chain

Die Entwicklung der Informationstechnologie im Supply Chain Management nimmt seit Jahren stets an Bedeutung zu. Unternehmen stehen vor großen Herausforderungen, um weiterhin am Markt konkurrenzfähig zu bleiben. Unternehmen stellen sich immer dieselben Fragen: Wie können Prozesse optimiert werden? Wie können die Arbeitsabläufe effektiver und effizienter gestaltet werden? Welche Möglichkeiten gibt es, um eine höhere Anzahl an Produkten schneller und mit weniger Mitteleinsatz zu produzieren? Die Antworten sind jedoch immer unterschiedlich, da die Informationstechnologie heutzutage den Unternehmen ganz neue Handlungsoptionen ermöglicht. Daher steigt auch stets die Nachfrage nach neuen Verfahren.[52]

„Die Informationstechnologie (IT) umfasst alle Prinzipien, Methoden und Mittel der Bereitstellung, Verarbeitung, Übermittlung und Verwendung von Informationen sowie der Gestaltung und Nutzung von Informationssystemen.“[53] Im Gegenzug dazu geht es bei der Kommunikationstechnologie um elektronische Systeme, die eine Kommunikation zwischen zwei Parteien ermöglicht, die räumlich voneinander getrennt sind. Darunter zählen u.a. bekannte Technologien, wie Telefon, Fax, Radio, Fernsehen, Video, EDI oder E-Mail.[54]

Die Informationstechnik ist nicht nur an der Auftragsabwicklung, sondern auch an der Produktionsentwicklung und an den Marketingentscheidungen beteiligt. Des Weiteren übernimmt es Funktionen entlang der Prozesskette, die unternehmensübergreifend sind. Die Informationstechnologie soll somit drei verschiedenen Rollen im Supply Chain Management dienen –als Supporter, als Integrator und als Enabler. Als Supporter soll er die Bedarfs- und Kapazitätsplanung automatisieren, den Order-to-Payment-Prozess beschleunigen und die Fehlerrate bei der Auftragserfassung reduzieren. Als Integrator ist er dafür zuständig die Daten und Funktionen der einzelnen Fertigungsstufen zu integrieren und offen zu legen, sowie die Auswirkungen der Losplanung auf die Kapazitätsplanung zu ermitteln. Die Rolle als Enabler bedeutet, dass neue Arbeitsweisen geschaffen und neue Arbeitsteilungen sowie Abläufe generiert werden, wie z.B. die Dispositionsverantwortung dem Lieferanten zu übergeben.[55]

---

[52] Vgl. Kuhn,A./Hellingrath,H. (2002), S.29
[53] Vgl. http://iwi.econ.uni-hamburg.de/IWIWeb/Uploads/Lecture/IM/IM%20WS0506%20Folien%2008.pdf
[54] Vgl. http://www.businessdeutschland.de/branchenbuch/branchen/informationstechnologie-kommunikationstechnologie.html
[55] Vgl. Melzer-Ridinger,R. (2003), S. 67

Eine weitere große Hilfe kann die IT im Bereich der Kommunikation bringen. Es ist im SCM vor allen Dingen wichtig die tägliche Kommunikation zwischen den einzelnen Lieferanten, Herstellern und Logistikern zu optimieren. Dies kann mit neuen Informations- und Kommunikationstechnologien realisiert werden. Probleme liegen hier jedoch in der Realisierung. Einige Unternehmen weigern sich noch Informationen an vor- oder nachgelagerten Glieder weiterzugeben. Dies hat wohl damit zu tun, dass wichtige Geschäftsdaten offen gelegt werden müssen und einige Unternehmen schlechte Erfahrungen in der Vergangenheit gemacht haben. Fakt ist, dass die richtigen Informationen und die richtigen Technologien zur Verfügung stehen, jedoch aufgrund der schlechten Kommunikation bzw. Informationsweitergabe entlang der Lieferkette in der Regel die SCM-Projekte scheitern. Hier ist Umdenken vonnöten.[56]

Die Unterstützung moderner Informations- und Kommunikationssysteme lässt eine neue Form des Supply Chain Managements zu. Mithilfe verschiedener Methoden des e-Business kann das electronic Supply Chain Management (eSCM) realisiert werden. E-SCM ist die Verknüpfung von e-Business und SCM. „Die Entwicklung des E-Business hängt eng mit dem Supply Chain Management zusammen, sodass die Verbindung der beiden Konzepte, E-Supply Chain Management, einen weitergehenden Schritt der Entwicklung darstellt."[57]

Im Supply Chain Management ist ein durchgängiger Waren-, Informations- und Finanzfluss für die Planung, Koordination und Steuerung unumgänglich. Dies kann jedoch nur mithilfe von modernen e-Business-Technologien und Informationssystemen realisiert werden.[58] Aus diesem Grund ist e-SCM zu einem sehr wichtigen Schlagwort in der Logistik geworden. Dazu mehr in Kapitel 6.

---

[56] Vgl. Kuhn,A./Hellingrath,H. (2002), S. 30
[57] Vgl. http://www.ebz-beratungszentrum.de/logistikseiten/artikel/escm1.htm
[58] Vgl. Weiber,R./Kollmann,T.: Wertschöpfungsprozesse und Wettbewerbsvorteile im Marketspace, In: Bliemel,F./Fassot,G. (2000), S. 49

4 Instrumente zur Optimierung der SC

Dieses Kapitel gibt Aufschluss über die Instrumente, die für eine erfolgreiche e-SCM-Realisierung benötigt werden. Moderne Informations- und Kommunikationstechnologien sind daher in diesem Fall unentbehrlich, um wichtige Geschäftsdaten zwischen den einzelnen e-Supply Chain Partnern zu transferieren. Somit werden in den nächsten Abschnitten sowohl einige moderne Kommunikationstechnologien als auch Front-End-Informationstechnologien vorgestellt. Die sogenannten Back-End-Systeme, betriebliche Informationssysteme, wurden schon in Kapitel 2.1.2. vorgestellt.

4.1 Moderne Kommunikationstechnologien

4.1.1 Internettechnologien

Das Internet wird als eines der kostengünstigsten und bekanntesten Kommunikationstechnologien in der heutigen Zeit bezeichnet, das noch lange nicht ausgeschöpft ist. Es liefert eine Menge an Technologien, die die Gestaltung von Anwendungstechnologien ermöglicht.

Hierzu zählt zum einen das Netzwerkprotokoll TCP/IP (Transmission Control Protocol/ Internet Protocol), das den Austausch von Daten zwischen heterogenen Computern standardisiert, die Daten in Pakete zerlegt und an IP Adressen versendet. Zudem bildet es die Basis für andere Übertragungsprotokolle, wie z.B. HTTP, SMTP (E-Mail) und FTP (Datenaustausch).[59]

Zum anderen die Auszeichnungssprachen, die die Textdaten aufbereiten und austauschen. Das Internetprotokoll HTML (Hypertext Markup Language) strukturiert und stellt die jeweiligen Texte im Internet dar, die mithilfe des Browsers sichtbar gemacht werden. Dieses Protokoll ist das momentan noch am weitesten verbreitete Protokoll, um online Texte darzustellen.[60] Eine Weiterentwicklung stellt XML dar. Dies wird im nächsten Unterpunkt ausführlicher beschrieben.

---

[59] Vgl. Gebhardt,F. (2008), S. 8
[60] Vgl. Gebhardt,F. (2008), S. 8

Es entstehen folgende Vorteile aufgrund der Nutzung der Internettechnologie im Bezug auf das Supply Chain Management:[61]

- Kostengünstige Informationsversorgung (Netzzugänge und Browsersoftware sind meist schon vorhanden)
- Teure Festnetze oder branchenspezifische EDI-Verfahren werden nicht gebraucht
- Informationsversorgung stets aktualisierbar mithilfe von Routinemechanismen, wie z.B. E-Mail und die Nutzung gemeinsamer Planungsdokumente über Internet

4.1.2 XML

„XML [Extensible Markup Language] ist eine weltweite, branchenunabhängige Metasprache für das Definieren von Dokumententypen und gilt als Erweiterung der Seitenbeschreibungssprache HTML."[62]

Hierbei geht es nicht mehr nur um die Layoutbeschreibung,. XML ermöglicht das Definieren der Struktur eines bestimmten Dokumententyps (Document Type Definition). Dies bringt neue Perspektiven für den elektronischen Datenaustausch in Bezug auf den Informationsfluss entlang der e-Supply Chain. Es können zusätzliche Informationen übertragen werden, die z.B. dem Empfänger beschreiben, um welchen Datentyp es sich handelt und wie mit den Daten weiter verfahren werden soll.[63] XML ist gegenüber EDI bei der kurzfristigen Einbindung von Geschäftspartnern sehr flexibel.

4.1.3 EDI

Electronic Data Interchange (EDI) gibt es schon seit den 80er Jahren. Trotz der neuen Kommunikationsmöglichkeiten über das Internet, bleibt EDI ein wichtiges Tool für die Übertragung von Massendaten in der Supply Chain. Im Jahre 1985 waren gerade einmal 12,5% der Unternehmen EDI-Anwender. Heute (2010) sind es schon mehr als 80%, die im Unternehmen EDI einsetzen.[64]

---

[61] Vgl. Thaler,K. (2007), S.67
[62] Vgl. Wannenwetsch,H. (2005), S. 34
[63] Vgl. Wannenwetsch,H./Nicolai,S. (2002), S.72
[64] Vgl. http://dslv.org/de/site/37//sn37/page/branchendaten/index.xml

Electronic Data Interchange wird bezeichnet als den „elektronischen, unternehmensübergreifenden Austausch strukturierter Geschäftsdaten von Anwendung zu Anwendung"[65].

EDI dient dazu Geschäftsdaten über räumlich getrennte Systeme so auszutauschen, dass das System des EDI-Partners diese automatisch verarbeiten kann. Es dient zusätzlich dazu die Prozesse in der logistischen Kette zu beschleunigen. Für den Datenaustausch werden meist standardisierte Datenformate, wie z.B. EDIFACT (Electronic Data Interchange For Administration, Commerce and Transport), benutzt.

EDI ist vor allem dort sinnvoll, „wo eine überschaubare Anzahl an Geschäftspartnern große Transaktionsvolumina untereinander elektronisch abbilden wollen, die sich inhaltlich und formal nur relativ selten ändern lassen müssen".[66] Sollte die Anzahl der Geschäftspartner steigen und müssen aus diesem Grund Transaktionsinhalte und -formate geändert werden, sollte man in der heutigen Zeit evtl. auf moderne Webbasierte Substitute zurückgreifen. Dennoch bleibt EDI bei stabilen Partnerschaften noch lange erhalten.

4.2 Front-End-Informationstechnologien

Dieser Abschnitt befasst sich nicht mehr mit den Möglichkeiten des Datenaustausches, sondern hierbei geht es um die Abwicklung prozessorientierter Transaktionen zwischen e-Supply Chain Partnern. Front-End-Informationstechnologien sind Technologien, die es ermöglichen einen direkten Kontakt mit externen Geschäftspartnern, wie Kunden und Lieferanten herzustellen. Hierzu zählen Geschäftsmodelle, wie z.B. Online Shops, Elektronische Marktplätze, Portale und Intra- und Extranet-Lösungen. Mithilfe dieser Modelle können Beschaffungsprozesse (e-Procurement) und Vertriebsprozesse (e-Sales) zu Geschäftskunden (B2B) und Endkonsumenten (B2C) optimiert werden.

4.2.1 B2C und B2B

B2C und B2B sind Begriffe aus dem Englischen. Bei dem Begriff Business to Consumer (B2C) handelt es sich um elektronische Geschäfte zwischen Unternehmen und

---

[65] Vgl. Silberberger,H. (2003), S. 13
[66] Vgl. Silberberger,H. (2003), S.13f

Endverbraucher. Im B2B, dem sogenannten Business to Business, geht es vielmehr um elektronische Geschäfte zwischen den Unternehmen oder Händlern untereinander.

4.2.2 Online-Shops

Die Anzahl an Unternehmen, die ihre Produkte online über sogenannte Online-Shops präsentieren und verkaufen, hat in den Jahren stark zugenommen – Tendenz steigend. Online-Shops werden auch häufig als Web-Shops oder e-Shops bezeichnet. Im Allgemeinen kann bei allen drei Begriffen von Einkaufsmöglichkeiten im Internet gesprochen werden. Das Gabler Wirtschaftlexikon definiert Electronic Shopping als „elektronisches Einkaufen. Oberbegriff für E-Commerce Anwendungen, die auf den direkten Verkauf von Produkten an den (privaten) Endkunden gerichtet sind (B2C). Dabei können elektronische Produktkataloge, Online-Dienste, Auktionssysteme oder interaktive Fernsehkanäle (interaktives Teleshopping) eingesetzt werden."[67] Der elektronische Verkauf von Produkten oder Dienstleistungen über digitale Netzwerke ermöglicht „eine Integration von innovativen Informations- und Kommunikationstechnologien zur Unterstützung bzw. Abwicklung einer Zusammenführung von Angebot und Nachfrage."[68]

Beim traditionellen Einkauf steht der Verkäufer persönlich im Laden und kann seine Kunden bedienen. In elektronischen Shops erfolgt der Kontakt nur virtuell, d.h. der Verkäufer braucht nicht persönlich anwesend zu sein. Dies spart zum einen Kosten und zum anderen können nicht nur physische Produkte, wie es im traditionellen Laden nur möglich ist, sondern auch digitale Produkte (z.B. Software) verkauft werden. Hier kann z.B. die Logistik als Download elektronisch erfolgen und benötigt somit keine reale Distribution. Dies ist jedoch nur bei wenigen Produkten (Software, Mp3s, e-Books, e-Reisetickets) möglich.[69]

Elektronische Informationstechnologien wurden im Absatzbereich eingesetzt, um gewissen Problemen im realen Einkauf entgegen zu wirken. Diese sind u.a.:[70]

- Kapazitätsbegrenzungen – Im realen Verkauf sind die Verkaufsflächen begrenzt und der Verkäufer muss die Auswahl an Produkten begrenzen.

---

[67] Vgl. Klaus,P./Krieger,W. (2008), S. 150
[68] Vgl. Kollmann,T. (2007), S. 37
[69] Vgl. Kollmann,T. (2007), S. 166
[70] Vgl. Kollmann,T. (2007), S. 166f

- Handelsstrukturen – oft gibt es keinen direkten Kontakt zwischen Hersteller und Endkunde. Es werden Zwischenhändler eingesetzt, wodurch die Kommunikation stark beeinträchtigt wird und die Effizienz und Schnelligkeit der Marktbearbeitung darunter zu leiden beginnt.

- Marktanonymität – Auf Massenmärkten werden Werbebotschaften an eine Vielzahl von Kunden gerichtet. Individuelle und persönliche Ansprachen sind kaum möglich.

- Intransparenz – Im realen Verkauf erhält der Kunde keinen Einblick in die Prozesse, die sich hinter dem eigentlichen Verkaufsakt abspielen. Bei Problemen kann der Kunde nur mit dem Händler kommunizieren. Des Weiteren ist es für den Kunden schwierig Produkte zu vergleichen und einen Marktüberblick zu erhalten.

Mithilfe der elektronischen Informationsverarbeitung sollen diese Probleme gelöst werden. Wichtig ist vor allem die technische Basis für den Erfolg eines Online-Shops. Die Herausforderung liegt hier in dem Aufbau von multimedialen Produktkatalogen, benutzerfreundlichen Prozessen sowie die Schaffung einer Verbindung von Informations-, Kommunikations- und Transaktionsmodulen.[71] Viele Unternehmen scheitern schon zu Beginn an diesen technischen Voraussetzungen. Daher ist es oft hilfreich sich an Standartsoftware mit Anpassungsmöglichkeiten, die gekauft oder gemietet werden können, zu bedienen. Es muss nämlich bedacht werden, dass die Eröffnung eines Online-Shops gleichzusetzen ist mit der Eröffnung einer Filiale.

Online-Shops sind rund um die Uhr geöffnet, bieten eine Vielzahl an Produkten sowie eine schnelle Lieferung bis an die Haustür.

4.2.3 Elektronische Marktplätze

Aufgrund von veränderten Rahmenbedingungen, wie Globalisierung, Outsourcing, technologischer Entwicklung, zunehmender Wettbewerbsdruck und steigende Komplexität der Wertschöpfungskette, mussten in den letzten Jahren die einzelnen Prozesse entlang der Supply Chain technisch optimiert werden. Die Veränderung von Marktanforderungen hat zu einem immensen Kostendruck geführt. Unternehmen versuchten mittels Verringerung der Lagerkosten und einem verbesserten Service dem entgegen-

---

[71] Vgl. Kollmann,T. (2007), S. 168

zuwirken. Dies ist nur mithilfe von neuen Technologien und dem erhöhten Austausch von Informationen möglich.[72]

Der Einsatz von elektronischen Marktplätzen ermöglicht die Optimierung der Planungs-, Durchführungs- und Analyseprozesse und unterstützt im Supply Chain Management folgende Funktionen:[73]

Mehrstufiger Real-Time-Datenzugriff: Alle Unternehmen, die an der Planung beteiligt sind, können sich an aktuellen Bedarfs- und Bestandsdaten bedienen. Unternehmen müssen in der Lage sein schnell auf veränderte Faktoren reagieren zu können und dies ist nur mit aktuellen Daten möglich. Reaktionszeiten können somit optimiert werden.

Kollaborative Bedarfs- und Absatzplanung: Mithilfe dieser Planungsmöglichkeit können die Real-Time-Informationen am effektivsten für die Verbesserung der Planungs-, Produktions- und Transportprozesse eingesetzt werden. Gemeinsam erstellte Planungsszenarien ermöglichen Kosteneinsparungen bei gleichzeitig schnelleren Reaktionszeiten. Des Weiteren können infolge von gemeinsamen Planungsstrategien operative Kosten verringert werden.

Event-Management: Hiermit können unerwartete Ereignisse schnell identifiziert und angebrachte Reaktionen eingeleitet werden. Automatisches und zeitnahes Abbilden von eingetretenen Ereignissen sind hier sehr wichtig. Gegenmaßnahmen können somit schnell an Unternehmen weitergeleitet werden.

Analysen: Voraussetzung für gute Erfolgsmessungen und weiterer Optimierungsmöglichkeiten in Bezug auf Planungsprozesse. Analysen dienen als wichtiges Werkzeug für effizientes Event-Management.

Für elektronische Marktplätze gibt es verschiedene Arten von Bezeichnungen, wie z.B. e-Market, Internet- oder Online-Marktplatz, e-Hubs, etc. Im Allgemeinen kann ein elektronischer Marktplatz wie folgt definiert werden:

Ein Elektronischer Marktplatz (EM) ist ein Geschäftsmodell bei dem der Austausch von Waren, Gütern und Dienstleistungen über einen virtuellen Handelsraum abläuft. EM's dienen hauptsächlich als Transaktionsplattform sowie Kommunikationsplattform, auf

---

[72] Vgl. Reindl,M./Oberniedermaier,G.(2002), S.101
[73] Vgl. Reindl,M./Oberniedermaier,G.(2002), S.102

dem der elektronische Handel zwischen Unternehmen (B2B) abgewickelt wird und die einzelnen Akteure miteinander kommunizieren können.[74]

Neben dem Marktplatzbetreiber gibt es ebenso Nachfrager und Anbieter (Einzelhändler, Großhändler und Hersteller), die als wichtige Akteure auftreten.

Hinzu kommen noch (Mehrwert-)Dienstleister, wie z.B. Logistikdienstleister, Banken und Versicherungsdienstleister. Nach Voigt/Landwehr/Zech sind elektronische Marktplätze „internetbasierte und von Intermediären zentral koordinierte Informations- und Kommunikationssysteme, die Anbieter und Nachfrager mit dem Ziel der Durchführung zwischenbetrieblicher Handelstransaktionen virtuell zusammenführen."[75]

E-Business ermöglicht mithilfe elektronischer Unterstützung die B2B-Kommunikation zwischen den Unternehmen zu verbessern. Der Marktbetreiber kann auf dem elektronischen Marktplatz Dienste anbieten, die der Kommunikation dienen (Communication), die die Zusammenarbeit innerhalb der Unternehmen unterstützt (Collaboration), die den Austausch unterschiedlicher Interessen der verschiedenen Gruppen fördert (Community) sowie zeitgemäße Brancheninformationen bereitstellt (Content). E-Commerce unterstützt zudem die elektronische Vertriebs- sowie Beschaffungsunterstützung auf der Anbieter- bzw. Nachfrageseite. Anbieter können mithilfe eines Internetauftritts eine elektronische Vertriebsunterstützung zur Verfügung stellen. Nachfrager können dann über einen Internet-Browser darauf zugreifen. Nachfrager haben die Möglichkeit ein e-Procurement-System zu implementieren.[76] Zum Thema e-Procurement finden Sie mehr in Kapitel 6.6.1.

Auf der folgenden Abbildung wird der Zusammenhang der einzelnen verwendeten Begriffe, wie E-Business, E-Commerce, E-Procurement, B2B und Elektronischer Markplatz, zum besseren Verständnis noch einmal visuell dargestellt.

---

[74] Vgl. Wannenwetsch,H. (2005), S. 37
[75] Vgl. Voigt,K.-I./Landwehr,S./Zech,A. (2003), S. 20
[76] Vgl. Voigt,K.-I./Landwehr,S./Zech,A. (2003), S. 21

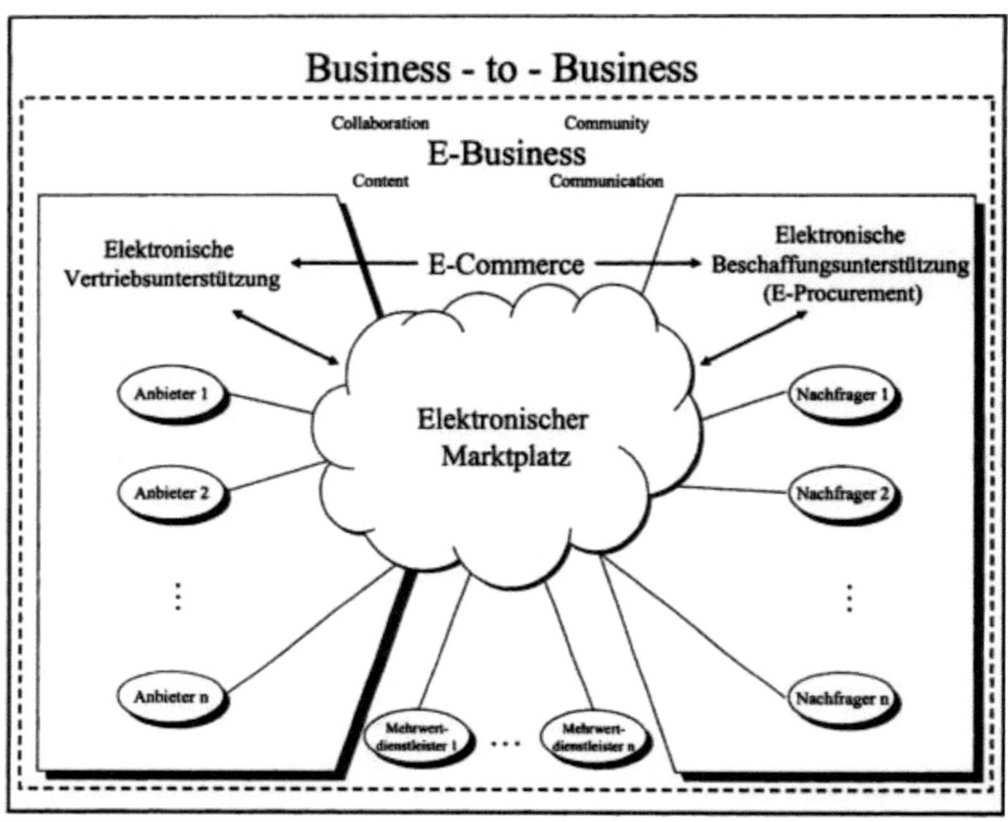

Abbildung 8: EM als Integration von Beschaffungs- und Vertriebsunterstützung[77]

Elektronische Marktplätze können in vier verschiedene Arten differenziert werden:[78]

Offene Marktplätze: Der Marktplatz steht allen Interessenten zur Verfügung und kann von allen Unternehmen genutzt werden. Das Angebot kann sowohl branchenorientiert als auch branchenübergreifend sein.

Geschlossene Marktplätze: Diese Plattform steht nur ausgewählten Teilnehmern zur Verfügung. Es wird sich auf die Optimierung der Prozesse untereinander konzentriert. Meist werden bestehende Kundenbeziehungen online abgewickelt.

Horizontale Marktplätze: Ermöglichen den Austausch branchenübergreifender Waren, Gütern und Dienstleistungen.

Vertikale Marktplätze: Hier werden nur Güter, Dienstleistungen und Waren einer Branche angeboten.

Die Vorteile eines elektronischen Marktes sind u.a.:[79]

---

[77] Vgl. Voigt,K.-I./Landwehr,S./Zech,A. (2003), S. 22
[78] Vgl. Wannenwetsch,H. (2005), S.38f

- Es wird meist nur ein Internetzugang benötigt. Produkte und Dienstleistungen können mit geringem Einsatz direkt global angeboten werden.
- Preisvergleiche können schnell vorgenommen werden.
- Vertriebsaufwand wird reduziert. Kunden können selbst Informationen einholen und benötigen kein Verkaufsgespräch.
- Preisreduktion aufgrund den gestiegenen Wettbewerbs
- Gestiegene Angebotsvielfalt

4.2.4 Portale

Für Portale ist es schwer eine einheitliche Definition zu finden, da es eine Vielzahl an unterschiedlichen Arten von Portalen gibt. Im Allgemeinen definiert das Gabler Wirtschaftslexikon ein Portal als eine „Website, die als Einstiegsseite ins Internet von möglichst vielen Nutzern bzw. Benutzern besucht werden soll. Ein Portal bietet i.d.R. ein breites Spektrum an Diensten (z.B. Kategorisierung und Systematisierung von Webinhalten, Suchmaschine, E-Mail, Chat etc.) an. Portale sind häufig themenspezifisch abgegrenzt und versuchen dadurch, bestimmte Zielgruppen anzuziehen."[80]

Anfangs wurden Portale mit den Internetsuchmaschinen und Webverzeichnissen wie Yahoo! und Lycos verbunden. Heutzutage errichten viele Unternehmen geschlossene firmeninterne Portale, um einen zentralen Zugriff auf betrieblich relevante Anwendungen zu ermöglichen. Zudem können Prozesse im Unternehmen abgebildet und das gemeinsame Arbeiten in Gruppen ermöglicht werden (e-Collaboration).[81] Mithilfe von Portalen können Nutzer auf einfachem Wege Wissen und Informationen unkompliziert austauschen. Hier geht es jedoch nicht darum Transaktionen abzuwickeln, wie es auf elektronischen Marktplätzen der Fall ist. Es werden vielmehr Funktionen und Dienste angeboten, wie u.a. Suchmaschinen, E-Mail-Dienste, News usw. Es gibt jedoch auch den Fall, dass Online-Shops oder EM's mit integriert sind.[82]

Portale können in vertikale oder horizontale Portale unterteilt werden. In vertikalen Portalen handelt es sich meist nur um ein bestimmtes Themengebiet und es werden nur bestimmte Zielgruppen angesprochen, wie z.B. das Sport-Portal – Bundesliga.de. In horizontalen Portalen werden keine spezifischen Zielgruppen angesprochen. Stattdessen

---

[79] Vgl. http://www.bmwi.de/BMWi/Navigation/Mittelstand/e-business,did=195978.html
[80] Vgl. http://wirtschaftslexikon.gabler.de/Definition/portal.html
[81] Vgl. Schweizer,P. (2003), S.8
[82] Vgl. Wannenwetsch,H. (2005), S. 40

wird eine Fülle von unterschiedlichen Themen und Kategorien präsentiert, wie z.B. Bild.de oder Web.de.[83]

Unternehmensportale sind vertikale Portale, bei denen es überwiegend um die Funktionen und Prozesse des E-Business und der Unternehmenskommunikation geht. Das Unternehmen wird in den Mittelpunkt gestellt und werden in Mitarbeiter-, Geschäftskunden- und Lieferantenportale segmentiert.

Mitarbeiterportale bilden den Kern des Intranets für Mitarbeiter und können somit auf verschiedene Informationen und Funktionen zugreifen. Die Eingangsseite ist auf jeden Mitarbeiter persönlich zugeschnitten und erhält die für ihn relevanten Daten und Informationen. Es fördert zudem die Zusammenarbeit der Mitarbeiter untereinander und ermöglicht die Ausführung geschäftsrelevanter Prozesse.[84]

Geschäftskunden- und Lieferantenportale unterscheiden sich hauptsächlich im Sinne der Zielgruppen. Beim Geschäftskundenportal sind die Zielgruppen Geschäftskunden und Geschäftspartner, wie z.B. Einzelhändler. Das Portal dient dazu technische Informationen über Produkte bereitzustellen und Geschäfte mit Partnern und Kunden abzuwickeln. Außerdem werden Marketing-, Vertriebs- und Serviceprozesse (z.B. After-Sales-Service) abgebildet. Lieferantenportale sind ähnlich aufgebaut, jedoch geht es hier um die geschäftsrelevanten Beziehungen zu Lieferanten und nicht zu Geschäftskunden. Es werden hier wichtige Informationen bzgl. Angebotsabgabe, Rechnungsstellung usw. bereit gestellt, damit der Lieferant Bestandteil des Leistungsprozesses wird.[85] [86]

Die sogenannten Endkunden Portale, auch Consumer-Portale genannt, beschäftigen sich mit der Abwicklung von kundenrelevanten Geschäftsprozessen und der Bereitstellung von Produktinformationen und Dienstleistungen.

4.2.5 Intranet / Extranet

Das Intranet und Extranet sind weitere Informationstechnologien, die im elektronischen Supply Chain Management Anwendung finden. Es werden sowohl unternehmensinterne als auch unternehmensübergreifende Geschäftsprozesse unterstützt.

---

[83] Vgl. Platt,M. (2008), S. 6
[84] Vgl. Schweizer,P. (2003), S. 10f
[85] Vgl. Schweizer,P. (2003), S. 11
[86] Vgl. Liebhart,D. (2007), S. 71

Das Intranet, nach dem Gabler Wirtschaftslexikon auch Corporate Network genannt, ist für einen effektiven und effizienten Wissensaustausch innerhalb der Unternehmensorganisation zuständig.

Es unterstützt unternehmensinterne Geschäftsprozesse und kann mit dem Internet verbunden sein. Mitarbeiter können sich somit auch auf Geschäftsreisen in das firmeninterne Netz einwählen, um eventuelle Geschäftsprozesse abzuwickeln. Im Gegensatz zum Internet ist das Intranet meist nur für bestimmte Personengruppen (Mitarbeiter einer Unternehmung) zugänglich. Mitarbeiter haben somit Zugriff auf eine Art betrieblichen Marktplatz, auf dem wichtige Informationen bezüglich Geschäftspartnern oder Lieferanten und auch eigene interne Informationen hinterlegt sind.[87]

Das Extranet ist ein unternehmensübergreifendes Netzwerk und ist eine Erweiterung des Intranets. Es stellt eine sogenannte Kooperationsplattform dar, die für Informationen und Kooperationen mit geschlossenen Benutzergruppen (z.B. Geschäftspartnern, Zulieferern, Distributoren, Händlern etc.) zuständig ist.[88] Das Extranet wird hauptsächlich im B2B-Sektor eingesetzt. Es wird benutzt, um seinen Geschäftspartnern (Kunden, Lieferanten,...) einen beschränkten Zugriff auf unternehmensinterne Informationen – dem Intranet – zu geben.[89] Somit wird eine Plattform errichtet, auf dem die einzelnen Partner untereinander Transaktionen abwickeln können. Dies bedeutet, dass man z.B. Bestellungen beim Lieferanten abgeben oder Kundendaten abfragen kann.

---

[87] Vgl. Schulte,C. (2009), S. 126
[88] Vgl. Schulte,C. (2009), S. 126
[89] Vgl. Benninger,S./Grandjot, H.H. (2001), S. 35

5 E-Business und e-Supply Chain Management

5.1 E-Business

5.1.1 Definition und Begriffserläuterung des e-Business

E-Business begrenzte sich in der ersten Generation hauptsächlich auf die Bereiche Webdesign und einfache Verkaufsfunktionen. Bis heute konnten sich jedoch viele Funktionen aufgrund der Einbindung des Internets verbessern und mithilfe von E-Business-Projekten ausbauen. E-Business wird im Geschäftsbereich immer interessanter für Unternehmen, um im weltweiten Wettbewerb konkurrenzfähig zu bleiben.

Aus diesem Grund verlagern viele Unternehmen ihre Prozesse ins Web und verwirklichen Kundenbeziehungen mit Hilfe von elektronischen Informations- und Kommunikationstechnologien. Dies umfasst den Begriff e-Business.[90] E-Business hat sich in den vergangen Jahren langsam, aber stetig im Geschäftsleben ausgebreitet.

E-Business kann definiert werden als „Anbahnung, Vereinbarung und Abwicklung elektronischer Geschäftsprozesse, d.h. Leistungsaustausch zwischen Marktteilnehmern mit Hilfe öffentlicher oder privater Kommunikationsnetze (resp. Internet), zur Erzielung einer Wertschöpfung. Als Leistungsanbieter und Leistungsnachfrager können sowohl Unternehmen (Business), öffentliche Institutionen (Administration) wie private Konsumenten (Consumer oder Citizen) auftreten."[91]

Im E-Business dienen die Informations- und Kommunikationstechnologien als „Enabler", um neue Geschäftsmodelle zu implementieren sowie Lösungsansätze bei Problemstellungen zu geben. Früher wurden diese Technologien überwiegend zur Optimierung des Tagesgeschäfts eingesetzt. Heute ist es ein wichtiger Bestandteil des e-Business im Geschäftsleben.[92]

Das Hauptziel ist aus technischer Sicht die Optimierung des Informationsaustausches zwischen den jeweiligen Unternehmen, Partnern, Behörden und Kunden. Darunter fallen weitere Ziele, wie:[93]

---

[90] Vgl. Meier,A./Stormer,H. (2008), S. 2
[91] Vgl. Meier,A./Stormer,H. (2008), S. 2
[92] Vgl. Maaß,C. (2008), S. 2
[93] Vgl. Wannenwetsch,H.H./Nicolai,S. (2002), S. 30

- Kostenreduktion

- Erhöhung der Wirtschaftlichkeit sowie Imageverbesserungen

- Steigerung der Wettbewerbschancen im globalen Wettbewerb

E-Commerce kann als Teilmenge des e-Business angesehen werden und wird vom e-Business durch Prozesse und Organisationen beeinflusst. Die Aufgaben des e-Business sind somit weitreichender als im e-Commerce und enthält Aufgabenfelder wie: Kundenservice, Online-Marketing/-Banking, Geschäftsanbahnung und -abwicklung.[94]

E-Business Aktivitäten sind u.a. e-Commerce, e-Information, e-Collaboration und e-Communication. In den folgenden Unterpunkten erhalten Sie einen kurzen Überblick über die oben genannten Aktivitäten.

5.1.2 E-Commerce

E-Commerce ist im Gegensatz zu e-Business strenger abgegrenzt und wird als Unterbegriff verwendet. E-Commerce bezeichnet nur die reinen Handelsprozesse im Rahmen des elektronischen Handels (im Internet) mit Waren und Dienstleistungen über elektronische Marktplätze, Online-Shops usw. Es dient der Abwicklung von Online-Transaktionen und –Zahlungen, dem Austausch von Informationen und der Verbesserung des Service für den Nutzer.[95]

5.1.3 E-Information

Eine weitere Aktivität des e-Business ermöglicht e-Information. Es umfasst die Versorgung Dritter mit Informationen via Internet. Zeit und Informationen sind heute sehr wichtige Begriffe, um die Supply Chain effizienter zu gestalten. Bei kundenindividuellen Beschaffungsnetzwerken mit vielen gestaffelten Zulieferern, kommt es immer wieder zu tragischen Zeit und Informationsverlusten. Der Hersteller muss in erster Linie seine Bedarfsvorschau an den Systemlieferanten melden, daraufhin rechnet dieser seinen Materialbedarf aus und gibt die Bestellmenge an seine Zulieferer weiter. Sollten Schwierigkeiten bei der Lieferung auftreten, wird meist der Hersteller zu spät informiert. Dem versucht man mit neuartigen Technologien mit Hilfe eines internetbasierten

---

[94] Vgl. Angeli,S./Kundler,W. (2008), S. 223
[95] Vgl. Wannenwetsch,H.H./Nicolai,S. (2002), S. 156

Informationsaustausches entgegenzuwirken. Abläufe sollen automatisiert werden, sodass der komplette Informationsaustausch entlang der gesamten Supply Chain verbessert werden kann. Wichtiges Ziel: Kunden sollen als Auslöser des Produktionsprozesses dienen („Production on demand"). Die benötigten Informationen sollen direkt nach Kauf einer Ware zu den einzelnen Lieferanten, Zulieferern und Herstellern weitergeleitet werden.[96]

5.1.4 E-Communication

Im Bereich der e-Communication geht es um die Bereitstellung einer elektronischen Kommunikationsplattform. Mitarbeiter einer Unternehmung haben somit die Möglichkeit untereinander oder mit anderen Unternehmen über elektronische Wege, wie z.B. E-Mail oder Audio- oder Videokonferenzen, miteinander zu kommunizieren.[97]

5.1.5 E-Collaboration

Aufgrund des stetig wachsenden Wettbewerbs sind Unternehmen dazu gezwungen ihre Geschäftsprozesse kontinuierlich zu verbessern. Demnach wurden überwiegend interne Prozesse optimiert. Die Wettbewerbsfähigkeit hängt jedoch immer mehr an einer guten Beziehung zu Geschäftspartnern, Lieferanten und Kunden. Geschäftsbeziehungen können somit gestärkt und gefestigt werden. Mit Hilfe neuer moderner Technologie, wie z.B. das Internet, können Informationen nicht nur bereitgestellt und abgerufen werden, sondern auch ausgetauscht und somit Wissen und Innovationen weitergegeben und Prozesse effizienter gestaltet werden. Aus diesem Grund bedienen sich immer mehr Unternehmen an e-Collaboration.

Hierbei geht es um eine wichtige Unterstützungsfunktion, welche die „Funktionen für die verteilte Abwicklung von Geschäftsprozessen über definierte Workflows zwischen Unternehmen zur Verfügung stellt."[98]

Somit können die einzelnen Aufgaben auf die Unternehmen entlang der Supply Chain verteilt und synchronisiert werden.

---

[96] Vgl. Kuhn,A./Hellingrath,H. (2002), S. 160f.
[97] Vgl. Bea,F./Friedl,B./Schweitzer,M. (2005), S. 422
[98] Vgl. Kuhn,A./Hellingrath,H. (2002), S. 167

Im Allgemeinen handelt es sich bei e-Collaboration um eine Zusammenarbeit zwischen Unternehmen oder Teams über Standortgrenzen hinweg mit Hilfe von modernen Informations- und Kommunikationstechnologien zur Erreichung gemeinsamer Ziele.[99]

Schnelleres Time-to-Market, besseres Time-To-Volume, stärkere Kundenorientierung, die Förderung von Innovationen und die Erhöhung der Produktivität sind nur einige Vorteile des e-Collaboration.[100]

Es verfolgt den Ansatz, ein möglichst optimales Ergebnis durch intensive Zusammenarbeit mit den jeweiligen Unternehmen, wie z.B. Lieferanten, zu erzielen. Die Zusammenarbeit kann in zwei verschiedene Arten unterteilt werden. Entweder geht es um die wirtschaftliche Zusammenarbeit, bei der die optimale Bedarfsplanung und Versorgung im materialwirtschaftlichen Bereich eine wichtige Rolle spielt oder um die technische Zusammenarbeit, die es ermöglicht, dass Produkte mit dem Lieferanten zusammen entwickelt werden, damit „die Fertigung des Lieferanten optimal auf das Produkt abgestimmt werden kann".[101]

E-Collaboration wird von einem Management-Informations-System gesteuert. Damit e-Collaboration einen gewissen Erfolg im Unternehmen bringt, sollten diese sieben kritischen Erfolgsfaktoren beachtet werden:[102]

- Schaffung der organisatorischen Rahmenbedingungen (Unterstützung durch das Top-Management und der Personalabteilung)
- Anpassung der Prozesse an die kollaborative Situation und Nachvollziehbarkeit der Zusammenarbeit
- Kulturelle Unterschiede müssen berücksichtigt werden
- Kompetenzaufbau bei Führungskräften und Mitarbeitern
- Intensive Kommunikation
- Auswahl an geeigneten Werkzeugen

5.2 Definition und Begriffserläuterung des e-Supply Chain Managements

Sowohl e-Business als auch Supply Chain Management sind heute zwei zukunftsweisende Konzepte, die sich gegenseitig beeinflussen. E-Business ermöglicht im Supply

---

[99] Vgl. Eigene Definition
[100] Vgl. http://www.ecollaboration.info/vorteile-durch-ecollaboration.php
[101] Vgl. Stoll,P. (2007), S. 32f.
[102] Vgl. http://www.fassnachtct.com/informationen/texte/ecollaboration.htm

Chain Management die Geschäftsprozesse zu optimieren und die „Reaktionsfähigkeit, Flexibilität, Echt-Zeit-Kontrolle und Kundenzufriedenheit zu steigern."[103]

Die Verbindung von e-Business und SCM trägt dazu bei, dass Geschäftsprozesse nicht mehr aus einer isolierten und internen Sicht, sondern vielmehr unternehmensübergreifend betrachtet werden können. Diese Kopplung von e-Business und Supply Chain Management wird e-Supply Chain Management genannt.

E-Supply Chain Management wird definiert als der „Datenaustausch bzw. die Kopplung der IT-Systeme der Supply Chain Partner über das Internet, um Informationen schnell, asynchron, flexibel und angepasst auszutauschen und die Geschäftsprozesse der Wertschöpfungskette unternehmensübergreifend zu planen und zu steuern."[104]

Unternehmen sind heutzutage gekennzeichnet durch die Konzentration auf ihre jeweiligen Kernkompetenzen (Outsourcing), einer höheren Flexibilität im Bezug auf ihre Geschäftspartner, dem Ein- und Verkauf von Produkten und Dienstleistungen über das Internet sowie der Nutzung von gemeinsamen elektronischen Plattformen.

Die Liste der möglichen Verbesserungen entlang der gesamten Supply Chain mit Hilfe des e-Business ist lang. Dennoch haben sich viele Unternehmen noch nicht an das Thema e-Supply Chain Management heran getraut, da die Einführung eine Änderung der Kooperationskultur, sowie eine Anpassung an neue Rahmenbedingungen voraussetzt. Dies bedeutet, dass die Unternehmen offener in Bezug auf den Austausch von Informationen und Wissen sein müssen, um auf dem Markt nachhaltig ein interessanter Partner zu sein. Daher muss im Voraus geklärt werden, wie viele Daten den vor- und nachgelagerten Geschäftspartnern über das Internet offen gelegt werden sollen. Zu wenige Daten können den Informationsfluss entlang der Supply Chain behindern – die Weitergabe zu vieler Informationen und Daten zur Schädigung des Geschäfts beitragen.[105]

E-Supply Chain Management unterscheidet sich in vier Bereichen vom Supply Chain Management. Hierzu zählen:[106]

- E-Design: Partnerschaftliche Produktentwicklung (internetbasiert) → Verbesserung der Effizienz der beteiligen Unternehmen + Senkung der Produktionskosten

---

[103] Vgl. Wannenwetsch,H. (2005), S. 63
[104] Vgl. Kuhn,A./Hellingrath,H. (2002), S. 158
[105] Vgl. Kuhn,A./Hellingrath,H. (2002), S. 158f
[106] Vgl. Lawrenz,O. et al. (2001), S. 2

- E-Marketplaces: Anbindung an elektronische Marktplätze für den Ein- und Verkauf von Produkten und Dienstleistungen → Senkung der Transaktionskosten
- Collaborative Planning: Kooperative Planung auf Internetbasis, um den Austausch von Informationen und Daten in Echtzeit zu realisieren → Schnelle Reaktion auf kurzfristige Bedarfsänderung
- E-Fulfillment: internetbasierte Auftragsabwicklung und Versorgung im Material- und Warenfluss → Reduktion der Durchlaufzeiten

5.3 Ebenen und Bestandteile des e-SCM-Systems

Das e-SCM-System ist in drei Ebenen aufgeteilt und ist eine modular aufgebaute Softwarelösung. Die höchste Ebene spiegelt das Supply Chain Design (SCD) wider. Auf der mittleren Ebene befindet sich die Supply Chain Planning-Ebene und das Fundament bildet die Supply Chain Execution-Ebene. „Es werden Gestaltungs- sowie verschiedene Planungs- und Ausführungsmodule mit unterschiedlichen Funktionen differenziert."[107]

In den folgenden Punkten werden die drei Ebenen und deren Funktionen und Module kurz dargestellt.

5.3.1 Supply Chain Design (SCD)[108]

Die Designebene ist für die Bereitstellung der Basisinformationen und Restriktionen für die untergeordneten Planning- und Execution-Ebenen verantwortlich. Das Hauptziel der SCD-Ebene ist es, das e-Supply Chain Modell realitätsnah darzustellen. Diese Ebene besteht nur aus dem Modul „Strategische Netzwerkgestaltung" und beinhaltet die Aufgabe der langfristigen Gestaltung einer optimalen Lieferkette. Es sollen „mit Hilfe von What-If-Simulationen kostenoptimale Entscheidungen hinsichtlich Investitionen-, Verteilungs- und Rationalisierungsmaßnahmen sowie Standortentscheidungen getroffen werden."

---

[107] Vgl. Wannenwetsch,H. (2005), S. 81
[108] Vgl. Wannenwetsch,H. (2005), S. 81f.

5.3.2 Supply Chain Planning (SCP)[109]

Auf der Supply Chain Planning-Ebene geht es um alle „strategischen, taktischen und operativen Planungsmodule", deren Planung mit Hilfe von SCM-Systemen verwirklicht wird. Diese werden eingesetzt, um die Produktivität entlang der gesamten Supply Chain zu optimieren. Es besteht nicht der Zwang alle Module einzusetzen. Folgende Module sind einsetzbar:

Bedarfsplanung: Umfasst Prognosen der zukünftigen Absatz- und Bedarfsmengen der einzelnen Produkte, um die Planung der Bedarfe schnell an die veränderten Marktsituationen anpassen zu können. Hierfür werden u.a. Absatzzahlen vergangener Perioden, aktuelle Trendentwicklungen, Marktforschungsdaten, Produktlebenszyklen benötigt.

Netzwerkplanung: Es findet eine Grobplanung zur Analyse aller benötigten Kapazitäten in der Beschaffung, Produktion und Distribution statt, um die Aufträge erfüllen zu können.

Beschaffungs- und Beschaffungsfeinplanung: Optimierung von Beständen mit Hilfe einer effizienten Nachschubstrategie. Es werden u.a. dynamische Sicherheitsbestände und intensive Bestandsanalysen zur Hilfe genommen. Die Beschaffungsfeinplanung übernimmt die Planung am lokalen Standort.

Produktions- und Produktionsfeinplanung: Hierbei geht es um die Anfertigung eines abgestimmten Produktionsplans, der z.B. die prognostizierten Bedarfsmengen und – zeitpunkte widerspiegelt. Die Feinplanung erfolgt auf der lokalen Werksebene. Es können exaktere Produktionsfolgen durch Anlagenstammdaten, Rüstzeiten und Maschinenkapazitäten diagnostiziert werden.

Distributions- und Distributionsfeinplanung: Beinhaltet die Planung von Lagerung, Kommissionierung und Verteilung von Produkten. Diese sind abhängig von den einzelnen Produktions-, Bestands-, Lager- und Auftragskapazitäten und den bestehenden Kunden- und Marktanforderungen. Die Distributionsfeinplanung beinhaltet die optimale Abwicklung der Transporte entlang der Wertschöpfungskette. Ziel ist es, das richtige Produkt, zum richtigen Zeitpunkt, am richtigen Ort in der richtigen Menge und Qualität (5 R's) bereit zu stellen. → wichtiges Stichwort: Just-in-Time-Anlieferung

---

[109] Vgl. Wannenwetsch,H. (2005), S. 83ff.

Available-to-Promise (ATP): ATP-Anwendungen ermöglichen dem Kunden eine schnelle und zuversichtliche Lieferterminzusage direkt nach der Bestellung. Es werden Warenverfügbarkeitsprüfungen entlang der gesamten Lieferkette durchgeführt.

Capable-to-Promise (CTP): Es findet eine Überprüfung statt, ob „ein Eilauftrag eines Kunden zu einem gewünschten Liefertermin in die laufende Produktion eingelastet oder mittels einer Umplanung der Produktionspläne zugesichert werde kann".

5.3.3   Supply Chain Execution (SCE)[110]

Die exekutive Ausführungsebene ist für die „Beschaffung von Materialien, die Auftragsabwicklung von Bestellungen, die Transport-, Bestands- und Lagersteuerung sowie Kontrollaufgaben zuständig". Diese wird mit Hilfe von Kommunikations-, Visualisierungs-, e-Business und e-Commerce-Lösungen unterstützt. Im Vordergrund steht die unternehmenübergreifende Steuerung und Kontrolle der Supply Chain. Die zugehörigen Ausführungsmodule sind folgende:

Controlling: Dieses Modul ist für die Überwachung der einzelnen Prozesse entlang der e-Supply Chain zuständig. Bei gewissen Planabweichungen und notwendigen Korrekturmaßnahmen werden die Meldungen über ein e-SCM-Monitoring angezeigt. Hierzu werden Management-Informations-Systeme und Controlling-Systeme benötigt, deren Daten mit Hilfe von Data Warehouse Technologien ausgewertet werden.

Auftragsabwicklung: Die Auftragsabwicklung ist zuständig für die „Steuerung, Koordination und Unterstützung der Presales-, Sales- und Aftersales-Phase. Der Vertrieb von Waren oder Dienstleistungen kann mit Hilfe von e-CRM-Systemen unterstützt werden.

Bestandsmanagement: Die Aufgabe des Bestandsmanagement ist die Planung und Steuerung der unternehmensinternen Bestände „durch die Anbindung von e-Procurement-Anwendungen über Schnittstellen zu bestehenden ERP-Systemen". Hilfsmittel sind u.a. e-Supplier Relationship-Systeme.

Produktionsabwicklung: In diesem Modul geht es um die Umsetzung der Produktionsfeinplanung, die in der Supply Chain Planning-Ebene stattfindet. Produktionsdaten, -aufträge und -informationen werden erfasst und verwaltet.

---

[110] Vgl. Wannenwetsch,H. (2005), S. 85ff.

Transportabwicklung: Sowohl auf der Beschaffungsseite als auch auf der Distributionsebene werden die Transportvorgänge erfasst, verwaltet und abgewickelt. Aufgaben sind
u.a. im Transportbereich die Dokumentenerstellung und Kostenberechnungen sowie die
Festlegung von Abholzeiten.

5.4   Data Warehouse Technologie

Immer mehr Unternehmen haben mit der Zunahme an großen Datenmengen mit
verschiedenen Formaten aufgrund der Einbindung von modernen Informations- und
Kommunikationstechnologien zu kämpfen. Diese Entwicklung ist der Auslöser für die
Einführung einer Data Warehouse Technologie. Nach dem Gabler Logistiklexikon wird
ein Data Warehouse bezeichnet als „eine unternehmensweit vereinheitlichte und
integrierte Datenbasis, die einen möglichst hohen Anteil der entscheidungsrelevanten
Daten für den schnellen und flexiblen Zugriff von Managementunterstützungssystemen
bereit hält."[111] Es werden nicht nur betriebsinterne Daten, sondern auch entscheidungsrelevante externe Daten, wie z.B. Marktdaten, Daten von Online-Diensten, in das Data
Warehouse System transformiert und archiviert.

Ziel ist die Verbesserung des Informationsflusses entlang der e-Supply Chain. Daten
können schnell gespeichert und abgefragt werden. Daher ist das Data Warehouse eine
optimale Schnittstelle zu vielen unterschiedlichen Systemen, wie Customer-
Relationship Management-, Supply Chain Management- oder Balanced Scorecard-
Systemen.[112]

Mit Hilfe dieser Technologie können Anwender im Bereich Vertrieb oder Einkauf
direkt und unkompliziert auf aktuelle und relevante Unternehmensdaten zugreifen.

Das Data Warehouse enthält zusätzliche Analysewerkzeuge, die folgende Aufgaben
besitzen:[113]

- OLAP-Werkzeuge (Online Analytical Processing): Bezeichnet die Analyse und
  Aufbereitung von multidimensionalen Daten.

---

[111] Vgl. Klaus,P./Krieger,W. (2008), S.117
[112] Vgl. Wannenwetsch,H. (2005), S. 89
[113] Vgl. Schulte,C. (2008), S. 88

- Data Mining: Unbekannte Zusammenhänge können aus vorher unbekannten Datenbeständen des Data Warehouse identifiziert und entscheidungsrelevante Informationen herausgefiltert werden.
- GIS (Geographische Informationssysteme): Die geographischen Ausprägungen der Daten können ermittelt werden → Material- und Datenflüsse können anschaulich dargestellt werden.
- Statistikprogramme: Statistische Auswertung der Daten

Im e-Supply Chain Management bezeichnet man das Data Warehouse auch als sogenanntes Business Warehouse. Die Supply Chain Planning-Ebene benötigt hierbei zur Planung die Daten aus der Supply Chain Execution-Ebene der e-Supply Chain Partner. Die relevanten Daten werden aus den operativen Subsystemen, wie Front-End-Systemen (eMarkets, eShops), ERP-Systemen, Fremd ERP-Systemen der Partner einheitlich transformiert, zusammengefügt und aktualisiert. Die SCM-Systeme erhalten die aufbereiteten Daten somit nicht direkt aus den ERP-Systemen sondern bedienen sich zentraler Datenbanken.

6 E-SCM Anwendungsbereiche in Klein-,Mittel- und Großbetrieben

Für die e-Supply Chain Manager sind nicht nur Funktionsbereiche wie e-Procurement und e-Logistik wichtig, sondern auch Bereiche wie e-Marketing, e-Sales und e-Services sollten immer mehr in das Aufgabengebiet der Manager integriert werden. Der Grund hierfür ist, dass e-Business-Lösungen in der Zukunft zu einem immer wichtiger werdenden Hebel zur Verbesserung der Wertschöpfungskette werden. Neue Absatzmärkte und -kanäle können leichter erschlossen und Transaktionskosten reduziert werden. In der nachfolgenden Abbildung werden die einzelnen Bestandteile des e-Supply Chain Managements und deren Zusammenhänge visuell dargestellt.

Wie man in der Abbildung sieht, wird die Wertschöpfungskette in eine interne und externe e-Supply Chain unterteilt. Die externe Supply Chain dient als unternehmensübergreifendes Netzwerk für die jeweiligen Kunden und Lieferanten. Die interne Supply Chain stellt die internen Betriebsabläufe und Prozesse dar.[114] Die Abbildung zeigt den Verlauf des Waren- und Materialflusses, des Informations- sowie Finanzflusses auf. Diese können mit Hilfe des e-Supply Chain Managements schneller und effizienter gesteuert werden. Der Materialfluss kann kostenreduziert über Online-Transaktionen abgewickelt und der Finanzfluss über Online-Zahlungen beglichen werden.[115]

---

[114] Vgl. Wannenwetsch,H./Nicolai,S. (2002), S. 6
[115] Vgl. Wannenwetsch,H./Nicolai,S. (2002), S. 7

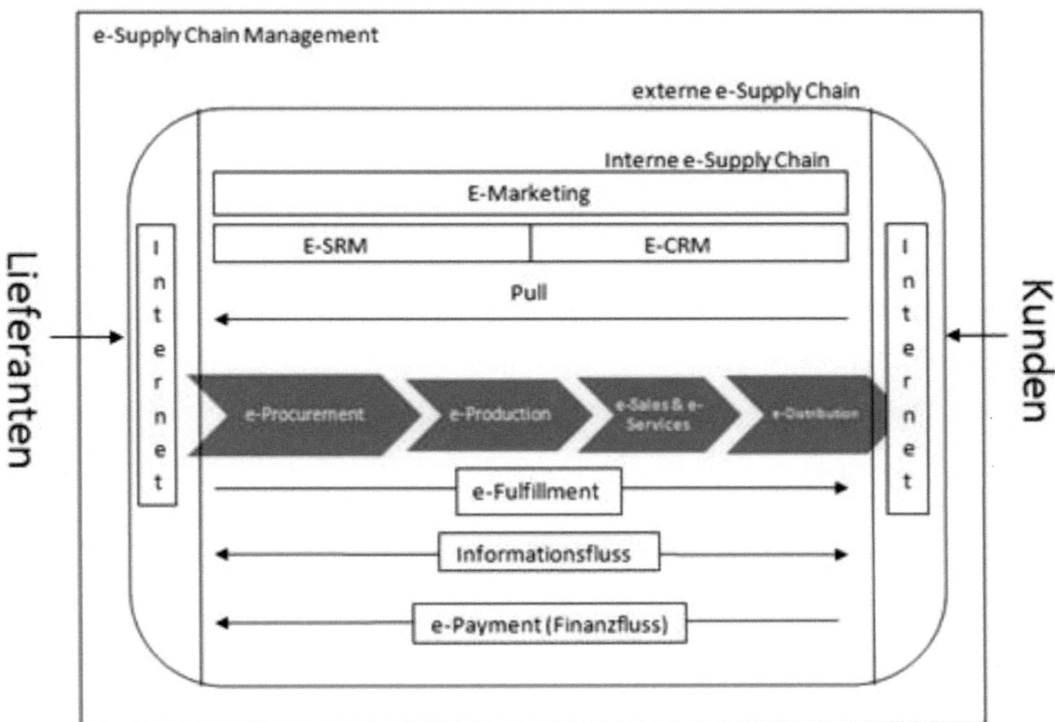

Abbildung 9: Konzepte des e-Supply Chain Management[116]

Die Abbildung dient als Grundlage für die Beschreibung der einzelnen Bestandteile in den folgenden Unterpunkten.

6.1 E-Marketing

Die Suche nach Produktinformationen und der Bestellung von Waren und Dienstleistungen über das Internet nimmt seit Jahren an Bedeutung zu. Daher ist es mittlerweile zu einem unverzichtbaren Medium für die Unternehmensbereiche Marketing und Distribution geworden. E-Marketing nutzt e-Business-Technologien, um auch im Internet Kunden zu erreichen und, um z.B. auf die Produkte oder Dienstleistungen der Unternehmen aufmerksam zu machen. Es dient sozusagen als Kommunikationsmittel.

„E-Marketing bezeichnet alle auf die aktuellen und potentiellen Absatzmärkte ausgerichteten Aktivitäten eines Unternehmens, bei denen es zur Erreichung der Unternehmensziele digitale Informationen über Telekommunikationsnetzwerke auf Basis des Internet-Protokolls ausgetauscht werden."[117]

---

[116] Vgl. Eigene Darstellung in Anlehnung an Abb. 1-3. Wannenwetsch,H./Nicolai,S. (2002), S. 6
[117] Vgl. Wannenwetsch,H./Nicolai,S. (2002), S. 39

Traditionelle Marketingmodelle, wie z.B. die AIDA-Formel (A=Attention, I=Interest, D=Desire, A=Action) sind auch im e-Marketing von großer Bedeutung. Mit einer Webseite muss Aufmerksamkeit erregt, Interesse geweckt, Bedarf geschaffen und Verkaufsaktionen ausgelöst werden. Die Marketingziele sind gleich geblieben. Nur die Art und Weise der Zielerreichung hat sich verändert. In den letzten Jahrzehnten hat sich das generalisierte Massenmarketing zu einem kundenindividuellen Massenmarketing entwickelt. Mit Hilfe der modernen Informations- und Kommunikationstechnologien kann eine Massenproduktion dennoch an individuelle Kundenbedingungen angepasst werden. Kunden können gezielter angesprochen und sogar kostengünstiger gepflegt werden.[118]

Die elektronischen Medien (Audio, Video und Multimedia) können eine höhere Anzahl an potenziellen Käufern erreichen, als klassische Medien (Print).

Unter *Print-Medien* versteht man: Zeitungen, Zeitschriften, Anzeigeblätter, Bücher usw.

Die elektronischen Medien sind aufgeteilt in:[119]

Audio: Radioprogramme, Tonträger, Tonkassetten

Video: Fernseh-, Kino- und Videoprogramme

Multimedia: Internet, mobile PC-Geräte, CD-Rom usw.

Die Vorteile, die sich aufgrund von elektronischen Medien ergeben, sind u.a. Interaktivität, globale Präsenz, hohe Aktualität und orts- und zeitunabhängige Nutzung.

E-Marketing wird in den Bereichen Information, Kommunikation, Geschäftsabwicklung und Kundenbindung eingesetzt. Unter Information versteht man die Bereitstellung von allgemeinen unternehmensbezogenen Informationen, Produktkatalogen oder Stellenbörsen. Im Bereich der Kommunikation geht es vielmehr um die Art und Weise, wie man online miteinander kommunizieren kann. Hierzu zählen u.a. e-Mails, Usenet/Newsgroups, Diskussionsforen, FAQs, Chatrooms, Communities usw. Online-Angebotserstellung, Bestellwesen, Bezahlung und Distribution sind einige wichtige Prozesse, die zur Abwicklung von Geschäften im Internet gehören. Zum Schluss geht es beim e-Marketing auch um eine verbesserte Kundenbindung im Internet mit Hilfe „von

---

[118] Vgl. Meier,A./Stormer,H. (2008), S. 78
[119] Vgl. Meier,A./Stormer,H. (2008), S. 80f

One-to-One-Marketing, Online-Order-Tracking und dem Einsatz digitaler Agenten für Beratung und Verkauf".[120]

6.2 E-SRM

Im elektronischen Supplier Relationship Management, auch Lieferantenmanagement genannt, geht es um die Beziehung zu externen Lieferanten.

Es werden sowohl die einzelnen Beziehungen zu den Lieferanten als auch die Beschaffungsprozesse organisiert und gleichzeitig optimiert. E-SRM verwendet moderne Informations- und Kommunikationstechnologien sowie e-Procurement-Anwendungen, um das Lieferantenmanagement effizienter und kostengünstiger zu gestalten.

Es beinhaltet die Nutzung von elektronischen analytischen Tools, Messwerkzeugen für die Beschaffung, Knowledge Management Methoden und Supplier Integration Tools, die für die Optimierung des Lieferantenmanagements nötig sind. Informations- und Kommunikationstechnologien ermöglichen die Vernetzung mehrerer Unternehmen, sodass wichtige Informationen in Bezug auf das Beschaffungswesen untereinander ausgetauscht und mit anderen Daten aus verschiedenen Funktionsbereichen, wie Wareneingang oder Qualitätssicherung, an einer zentralen Stelle zusammengeführt werden können. Somit können effizientere und nachhaltig bessere Entscheidungen im Bezug auf Beschaffungsfragen getroffen werden. Die Zusammenführung der Daten ermöglicht nämlich einen Überblick über die globalen Einkaufsprozesse, mögliche Risikofaktoren, die schnell aufgedeckt und reduziert werden können, sowie eine Erhöhung der Transparenz im Lieferantensektor.[121]

6.3 E-CRM

Im Gegensatz zum e-SRM geht es beim e-CRM um die Kundenseite. Aufgrund der hohen Markttransparenz im Internetzeitalter, stehen Unternehmen vor großen Herausforderungen im Bereich des Kundenmanagements. Kunden können fast nur noch gehalten werden, wenn das Unternehmen im Bezug auf dem Preis oder der Leistung konkurrenzlos ist. Unternehmen werden sich langsam bewusst, dass der Wettbewerber im Internet nur ein Mausklick entfernt ist und daher ein sehr gutes Kundenmanagement für das Unternehmen unerlässlich ist.

---

[120] Vgl. Meier,A./Stormer,H.(2008), S. 95
[121] Vgl. Wannenwetsch,H. (2005), S. 150f.

Customer Relationship Management ist eine Art Unternehmensstrategie, welches nachhaltig versucht profitable Kunden zu gewinnen, an das Unternehmen zu binden und gleichzeitig die Kundenzufriedenheit zu steigern. Hierbei geht es vor allen Dingen um die Steigerung des Customer-Lifetime-Value.[122] E-CRM ist eine Kombination aus CRM und e-Business, e-Commerce und Internettechnologien. Mit Hilfe dieser Technologien sollen die Bedürfnisse und Wünsche des Kunden besser erfüllt werden. E-CRM soll als „weiterer Touchpoint zwischen Unternehmen und Kunden"[123] dienen. Ohne Unterstützung des traditionellen CRM kann e-CRM nicht funktionieren.

„E-CRM umfasst [somit] die Analyse, Planung und Steuerung der Kundenbeziehungen mit Hilfe elektronischer Medien, insbesondere des Internet, unter dem Ziel einer umfassenden Ausrichtung des Unternehmens auf ausgewählte Kunden."[124]

Einige Vorteile gegenüber dem traditionellen CRM sind:[125]

- Es können mehr Kundendaten erfasst werden (Auswertung der Surf- und Bestellgewohnheit → Cookies, Logfiles, Online-Befragungen, Registrierungen, etc.)
- Lieferterminzusagen in Echtzeit → Anbindung von ERP-Systemen und Schnittstellen zu SCM-Systemen
- Keine redundanten Kunden- und Auftragsdaten mehr (Data Warehouse Technologie)
- Kundenbindung durch neue Kommunikationskanäle, wie E-Mail, SMS, WAP, GPRS, UMTS, iTV, etc.
- Effizienzsteigerung durch Automatisierung (Self-Service-Systeme, E-Mail Response Management)

Das e-CRM System besteht aus drei Komponenten. Zum einen aus dem analytischen CRM, dem operativen CRM und dem kollaborativen CRM. Im nächsten Abschnitt wird genauer auf die einzelnen Bestandteile eingegangen:[126]

Analytisches CRM: Das analytische CRM umfasst die Analyse und Vorbereitung der verfügbaren Kundendaten. Hierfür benutzt das Unternehmen Data Warehouse, OLAP und Data Mining. Im Data Warehouse werden die Daten gesammelt, das Analysein-

---

[122] Vgl. Hippner,H./Wilde,K. (2006), S. 18
[123] Vgl. Wannenwetsch,H./Nicolai,S. (2002), S. 167
[124] Vgl. http://www.marketing.ch/wissen/crm/ecrm.pdf
[125] Vgl. Wannenwetsch,H./Nicolai,S. (2002), S. 168
[126] Vgl. Helmke,S./Uebel,M./Dangelmaier,W. (2008), S. 12f.

strument OLAP verdichtet diese und mit Hilfe von Data Mining können die gewünschten Informationen herausgefiltert werden. Ziel ist „die Schaffung einer Kundenwissensbasis und die Ableitung von Handlungsempfehlungen für das operative und kollaborative CRM"[127].

Operatives CRM: Ist ein Instrument zur Unterstützung der Prozesse an der Schnittstelle zum Kunden (Front-End). Es unterstützt die Prozesse, die einen direkten Kontakt zum Kunden haben. Darunter fallen die Prozess-Bereiche Marketing, Vertrieb und Service. Das Ziel ist u.a. die Verbesserung der Kommunikation zwischen Kunde und Unternehmen, sowie „die Optimierung der dazu notwendigen Geschäftsprozesse"[128].

Kollaboratives CRM: Es beinhaltet die ganze Steuerung, Unterstützung und Synchronisierung aller Kommunikationskanäle des Unternehmens zum Kunden, wie Telefon, E-Mail, WAP, Fax, Persönlicher Kontakt, etc.

CRM/e-CRM sind wichtige Bestandteile im Bereich des Supply Chain Managements, um die Beziehungen zu Kunden, Lieferanten und Händlern zu optimieren und deren Zufriedenheit zu steigern. Mit Hilfe der e-Business Technologie können Prozesse schneller und kostengünstiger abgewickelt und den Kunden schneller mit Rat und Tat zur Seite gestanden werden.

6.4 E-Procurement

Unter e-Procurement versteht man „die Nutzung der Internettechnologie zur Unterstützung beschaffungsbezogener Aktivitäten"[129]. In der Praxis nimmt die elektronische Beschaffung schon jetzt einen hohen Stellenwert ein – Tendenz steigend. In diesem Bereich geht es um B-2-B Geschäfte. Zwar beschaffen private Leute auch Waren über das Internet, jedoch auf eine ganz andere Art und Weise und meist etwas professioneller.

E-Procurement ist ein Bereich des e-Commerce und werden unterteilt in e-Procurement-Plattformen und e-Procurement-Funktionen bzw. –Instrumenten. Plattformen sind virtuelle Orte, wie z.B. Portale, Elektronische Marktplätze und EDI-Lösungen. Instrumente unterstützen die Anwender bei der Ausführung der Bestellungen. Dazu gehören

---

[127] Vgl. Wannenwetsch,H. (2005), S. 283
[128] Vgl. Wannenwetsch,H. (2005), S. 281
[129] Vgl. Wannenwetsch,H. (2005), S. 113

u.a. Online-Konsortien, Online-Ausschreibungen, Online-Auktionen und Katalog- und Bestellsysteme.[130]

Im e-Procurement kommt es vor allen Dingen auf die Akzeptanz der Nutzer an. Daher sollten Unternehmen e-Procurement-Projekte nicht unter wirtschaftlichen und zeitlichen Druck starten, da dies meist zu Schwierigkeiten führt. Nach Prof. Ronald Bogaschewski und Alexej Michaeli achten Unternehmen zu wenig auf eine „Vereinheitlichung der Materialgruppen, die Klärung von Verantwortlichkeiten sowie eine eventuell erforderlich werdende Anpassung der Organisationsstruktur"[131]. Zudem wurden in der Praxis folgende Defizite von IT-Systemen festgestellt:[132]

- Geringe Prozessintegration über Funktionsbereiche hinweg
- Fehlende Flexibilität
- Beschränkung auf Standartprodukte
- Geringe Integration der verschiedenen Systeme
- Probleme beim (internationalen) Roll-out der Systeme

Nach Bogaschewski und Michaeli ist es sehr wichtig viel Wert auf intuitiv bedienbare und wenig fehlerhafte Systeme zu legen.

Zudem müssen alle Aktivitäten, die zum Prozess Einkauf zählen (Wareneingang, Buchung, Rechnungsprüfung, Zahlungsanweisung) IT-gestützt und miteinander integriert werden. Im Bezug auf die Anbindung internationaler Standorte sind vor allen Dingen flexible IT-Systeme von großer Bedeutung. Das Ziel der effektiven und effizienten Beschaffung soll jedoch nicht verloren gehen. Des Weiteren sollten sprachliche und kulturelle Aspekte nicht vernachlässigt werden, da Menschen aus anderen Kulturen andere Normen, Werte, Denk- und Handelsweisen aufweisen und es oft zu Missverständnissen kommen kann. Hier kann das kulturelle Change Management helfen.[133]

Die meisten Großunternehmen haben schon mit dem Einkauf über das Internet begonnen und sind hier schon viel weiter als die klein- und mittelständischen Unternehmen, die stärker auf Kosten und Zeitbedarf achten müssen und daher bei dieser Art von Investition vorsichtiger sind. [134]

---

[130] Vgl. Schulte,C. (2008), S. 319ff.
[131] Vgl. Bogaschewski,R./Michaeli,A. „Die Zukunft des E-Procurements" in: Beschaffung aktuell, Nr. 05/11, S. 34
[132] Vgl. Bogaschewski,R./Michaeli,A. „Die Zukunft des E-Procurements" in: Beschaffung aktuell, Nr. 05/11, S. 35
[133] Vgl. Bogaschewski,R./Michaeli;A. „Die Zukunft des E-Procurements" in: Beschaffung aktuell, Nr. 05/11, S. 35f.
[134] Vgl. Preißner,A. (2002), S. 18

Der Fokus bei den Unternehmen liegt nicht mehr nur bei der Beschaffung von C-Gütern, die sich im Bereich des e-Procurement am besten anbieten, da das Verhältnis von Beschaffungsprozesskosten und dem wertmäßigen Anteil der C-Güter am Beschaffungsvolumen hier am günstigsten ist. Inzwischen wird auch der Fokus auf komplexere und hochwertigere A- und B-Materialien gelegt.[135]

Mit Hilfe des e-Procurement können folgende Vorteile im Supply Chain Management für die Unternehmen realisiert werden:[136]

- Reduzierung der Beschaffungskosten
- Steigerung der Transparenz innerhalb der Beschaffungskette
- Kostengünstiger und aktueller Informationsaustausch
- Integration der Unternehmen → engere Verbindung zw. den Unternehmen
- Schnelles Eingreifen bei Veränderungen → verbesserte Planungs-, Koordinations- und Kontrollmöglichkeiten
- Effektivität und Effizienzsteigerung in der strategischen Beschaffung
- Zeitersparnis (Auftragsabwicklung)
- Erhöhung der Kundenzufriedenheit

6.5 E-Sales

E-Sales handelt vom elektronischen Vertrieb von Waren und Dienstleistungen über das Internet. Dem wird eine ebenso wichtige Bedeutung beigemessen, wie dem Bereich des e-Service. Das Internet ist ein immer wichtiger werdender Interaktionskanal für das Kundenbeziehungsmanagement. Das zuvor beschriebene (e-)Customer Relationship Management besteht aus den Teilaspekten e-Sales und e-Services.
Diese beiden Bereiche sind somit wichtige Voraussetzungen für ein gutes Kundenbeziehungsmanagement.[137]

Aufgrund des Kostensenkungspotenzials, das mit Hilfe des e-Sales realisiert werden kann, steigt auch stetig die Zahl des Absatzes im Internet. Aus diesem Grund setzen Unternehmen immer mehr Marketing- und Vertriebsprozesse auf elektronischem Wege

---

[135] Vgl. Wannenwetsch,H. (2005), S. 114
[136] Vgl. Wannenwetsch,H. (2005), S. 116f.
[137] Vgl. Wannenwetsch,H. (2005), S.273

um. E-Sales beinhaltet wie im traditionellen Verkauf drei verschiedene Kaufphasen: Pre-Sales, Sales und After-Sales.[138]

In der Vorkaufphase übernimmt das Marketing eine zentrale Rolle. Es ist dafür zuständig, dass Produkte präsentiert, Unternehmen dargestellt und Kundenprofile angefertigt werden. Des Weiteren geht es um Marketingaktivitäten, wie One-to-One Marketing für die Kundenbindung und Cross- und Up-Selling-Strategien.[139] Hierbei handelt es sich um Zusatzverkäufe, die mehr Umsatz und eine bessere Kundenbindung garantieren. Beim Cross-Selling geht es darum, dem Kunden eventuelle Zusatzprodukte anzubieten. Eine andere Form des Zusatzverkaufs ist das Up-Selling. Hier geht es um die Produkterweiterung. „Beim Upselling wird dem Kunden also nicht die günstigste Variante angeboten, sondern der Verkäufer offeriert vielmehr ein hochwertigeres Produkt bzw. eine Dienstleistung, die in einer höheren Preisklasse angesiedelt ist".[140]

In der Sales-Phase wird der eigentliche Verkauf von Waren und Dienstleistungen abgewickelt. Dies geschieht auf elektronischer Basis über Marktplätze oder Online-Shops. Weitere Aspekte sind u.a. die „elektronische Auftragsabwicklung und [die] Realtime-Warenverfügbarkeitsprüfung über Schnittstellen zu ERP- und SCM-Systemen."[141]

Die letzte Phase ist die After-Sales Phase. Hierbei geht es um die Bereiche „Support, Beschwerdemanagement, Retourenabwicklung, eCustomer Relationship Management und Mailing Aktionen zur Response-Messung von eSales-Aktivitäten".[142]

Es können u.a. folgende Vorteile dank e-Sales verwirklicht werden:[143]

- Erschließung neuer Vertriebskanäle
- Vereinfachte Kundenanalyse
- Kostensenkungspotenziale
- Individuelle Beziehung zum Kunden (One-to-One-Marketing)

---

[138] Vgl. Wannenwetsch,H./Nicolai,S. (2002), S. 156f.
[139] Vgl. Wannenwetsch,H./Nicolai,S. (2002), S. 157
[140] Vgl. http://www.onpulson.de/themen/2179/zusatzverkaeufe-durch-cross-und-up-selling-generieren/
[141] Vgl. Wannenwetsch,H./Nicolai,S. (2002), S. 158
[142] Vgl. Wannenwetsch,H./Nicolai,S. (2002), S. 158
[143] Vgl. Wannenwetsch,H. (2005), S. 289

6.6   E-Service

Die Bereiche Service und Sales (Vertrieb) werden zu immer bedeutungsvolleren Unternehmensaufgaben. Demnach ermöglichen diese Bereiche auf elektronischer Basis einen wertvollen Zusatznutzen für die Optimierung der e-Supply Chain.

Unter E-Service versteht man die Abwicklung von Leistungen über das Internet. Es bietet den Kunden einen kundenorientierten und umfangreichen Service über moderne Informations- und Kommunikationstechnologien. Die Aufgabe besteht darin, einen Zusatznutzen (Value-Added) zu schaffen, um Kunden zu gewinnen und an das Unternehmen zu binden. Es gibt drei verschiedene Servicephasen und Servicedienste im Vertrieb. Zum einen die Vorkaufphase, die Kaufphase und die sogenannte Nachkaufphase, wie schon in Kapitel 6.5. erläutert.

6.6.1   Pre-Sales-Service

Bevor ein Kunde etwas kauft, sucht dieser nach Informationen über das gewünschte Produkt. E-Information ist im Bereich des Pre-Sales-Service in der Vorkaufphase ein wichtiger Dienst, dass von Kunden zur Informationsgewinnung genutzt wird. Es unterteilt sich in:[144]

On Demand-Informationen → individuelle Informationsanfragen über e-Mail, Internet-Telefonate (Voice-over-IP) oder Chats. Online-Hotlines müssen errichtet werden, damit die Anfragen der Kunden direkt bearbeitet werden können.

On Stock-Information → Zuvor aufbereitete Daten werden in Form von Wissensarchiven bereitgestellt. Kunden können sich diese selbst online beschaffen (Customer-Self-Service) Beispiel: Kunde sucht Service-Nummer oder Kontaktadresse eines Unternehmens auf der Homepage.

On Delivery-Information → Informations- und Nachrichtendienste, wie Newsgroups, Foren und Kundenclubs.

E-Information ermöglicht den Unternehmen ihre Servicekosten zu reduzieren und die Kundenbindung zu stärken.

---

[144] Vgl. Wannenwetsch,H./Nicolai,S. (2002), S. 177f.

6.6.2 Sales-Service

In der Kaufphase kann der Sales-Service durch Customer Interaction Centern (CIC) optimiert werden. Dies ist eine Weiterentwicklung des traditionellen Call-Centers, das jedoch um elektronische Kommunikationsmittel erweitert wurde. Die jeweiligen Kontaktkanäle (Telefon, Internet, Fax, E-Mail, Brief und One-Face-to-the-Customer) wurden miteinander verbunden, sodass Kunden selbst bestimmen können über welches Kommunikationsmittel sie kommunizieren wollen. E-Mail Anfragen werden meist mit Hilfe von E-Mail-Response-Systemen beantwortet. Bei einem Anruf wird der Anrufer und die Anfrage erst mittels Computer-Telefonie-Integration (CTI) analysiert und dann an den Zuständigen weitergeleitet. Dies spart Zeit und Geld! Wichtig ist vor allem die Aktualität der Preise, Lieferzeiten usw., um dem Kunden aktuelle Daten liefern zu können. Dies wird mit Hilfe der Back-Office-Systeme (ERP-, SCM, eCRM-Systeme) generiert.[145]

6.6.3 After-Sales-Service

Zum Schluss kommen wir in die Nachkaufphase. Hier geht es um die Optimierung des After-Sales-Service. Dies kann durch ein sogenanntes Electronic Customer Care-Konzept realisiert werden. Es hat zum Ziel die Kundenzufriedenheit und -bindung zu steigern.

Hierbei handelt es sich „um die Bereitstellung eines Online-Beschwerdecenters, der in einem Customer Interaction Center integriert werden kann, um über alle Kanäle für den Kunden erreichbar zu sein."[146] Bei Problemen kann schnell eingegriffen und die entsprechenden Lösungen erarbeitet werden. Die Daten und Informationen können zudem direkt an die Verantwortlichen weitergeleitet werden, um Fehler nachhaltig zu vermeiden. Beschwerden müssen nicht nur negativ sein. Sie können für die Supply Chain wichtige Hinweise auf Schwachstellen oder potenzielle Probleme geben.[147]

6.7 E-Distribution

Nach Prof. Dr. Harald Gleißner beschäftigt sich die Distributionslogistik „mit der Planung, Organisation und Durchführung von Prozessen der Warenverteilung zur

---

[145] Vgl. http://www.itwissen.info/definition/lexikon/customer-interaction-center-CIC.html
[146] Vgl. Wannenwetsch,H./Nicolai,S. (2002), S. 180
[147] Vgl. Wannenwetsch,H. (2005), S. 309

jeweils nachgelagerten Wirtschaftsstufe bzw. zum Endverbraucher. Distributionslogistik beginnt in der Regel mit dem Abschluss der Produktion und endet mit der Bereitstellung der Güter beim Letztverbraucher oder -nutzer."[148]

Bei der e-Distribution geht es um die elektronische Abwicklung aller Geschäftsprozesse, die nach der Online-Bestellung einsetzen. Hinzu kommen alle Prozesse, die sich mit der Auslieferung der Waren beschäftigen.

Unternehmen können im Online-Handel nur Erfolg haben, wenn sie ihre Distributionskette an e-Commerce anpassen. Der Geschwindigkeitsvorteil, der bei einer Online-Bestellung entsteht, muss mittels Optimierung der internen Prozesse sowie des Transports an Kunden weitergeben werden. Hierfür werden Informationssysteme benötigt, um die jeweiligen e-Supply Chain Partner mithilfe von e-Logistik zu koordinieren und zeitoptimal zu steuern. Ziel der e-Distribution ist u.a. dem Kunden nach der Online-Bestellung eine schnelle Belieferung innerhalb weniger Stunden zu ermöglichen und die Kosten entlang der gesamten e-Supply Chain mittels e-basierter Distributionskonzepte zu senken.[149]

Im weiteren Verlauf werden Themen, wie e-Fulfillment, sowie einige e-basierte Distributionskonzepte zur Verbesserung der Abläufe entlang der e-Supply Chain vorgestellt. E-basierte Distributionskonzepte, die auch zur Optimierung beitragen, sind u.a. das Efficient Consumer Response (ECR), Vendor Managed Inventory (VMI) sowie Collaborative Planning, Forecasting and Replenishment (CPFR). Diese Konzepte wurden am Anfang dieser Arbeit (Kapitel 2.3) vorgestellt und erläutert und werden daher nicht noch einmal aufgeführt.

6.7.1 E-Fulfillment

Beim e-Fulfillment geht es um die „vollständige Auftragsabwicklung von der Internet-Bestellung über die Bezahlung, Lagerung, Transport und Auslieferung bis zum After-Sales-Service und zur Entsorgung durch einen Logistikdienstleister"[150].

Der Datenfluss entlang der Supply Chain wird mittels SCM oder e-Procurement beschleunigt, so dass eine schnellere Auftragsabwicklung realisiert werden kann.

---

[148] Vgl. Klaus,P./Krieger,W. (2008), S. 123
[149] Vgl. Wannenwetsch,H./Nicolai,S. (2002), S. 182
[150] Vgl. Kuhn,A./Hellingrath,B. (2002), S. 166

Aufgaben im Bereich des e-Fulfillment sind Bestellannahme, Lagerhaltung, Kommissionierung, Verpacken, Versenden sowie das Retourenmanagement.[151]

E-Fulfillment ermöglicht die Optimierung des Supply Chain Managements in folgenden Bereichen:[152]

- Visuelles Bestandsmanagement: Hier kann eine schnelle Prüfung der Waren- und Kapazitätsverfügbarkeit realisiert werden. Des Weiteren ist eine exakte Bestimmung des Liefertermins möglich (Available To Promise (ATP)).
- Planung: Es werden kollaborative Planungsprozesse unterstützt, die zu mehr Transparenz im Supply Chain Management führen. Nur die relevanten Informationen werden zu den jeweiligen Unternehmen gesendet.
- Zahlungsabwicklung: Die einzelnen Rechnungen bzw. Lieferscheine, die an unterschiedlichen Standorten ausgestellt werden, können mittels e-Fulfillment zu einer Gesamtrechnung hinzugefügt werden. Dies verbessert den Liquiditätskreislauf.

Infolge des e-Commerce und der damit verbundenen Online-Bestellungen, stehen Unternehmen vor großen Herausforderungen in der Distributionslogistik. Es werden immer mehr schnelle, kleinteilige Sendungen wahrgenommen. Zudem steigt die Zahl der Retouren. Unternehmen müssen flexibler auf die Sendungsgrößen eingehen können. Demnach müssen die Distributionssysteme besser auf die Anforderungen des e-Commerce abgestimmt und eventuell neu aufgebaut werden. Viele Probleme bringt die Zustellung der Waren mit sich, da oft die Kunden aus z.B. beruflichen Gründen nicht in den Zustellzeiten zu Hause sind. Da Online-Kunden jedoch ein Maß an Service und Zuverlässigkeit fordern, müssen mögliche Lösungen entwickelt und umgesetzt werden. Mögliche Ansätze sind z.B. Paketboxen an der Wohnungstür, Lieferung an Pick-up-Stellen (z.B. Tankstellen, Convenience Shops, Videotheken) oder Pick-up Türmen (Tower 24), die in das Erdreich eingelassen werden und Paketplätze für mehrere Häuser oder einzelne Bezirke zur Verfügung stellt. Diese können dann von mehreren Paket- oder Lieferdiensten benutzt werden.[153]

---

[151] Vgl. http://www.vnl.at/Fulfillment.255.0.html
[152] Vgl. Werner,H. (2010), S. 181f.
[153] Vgl. Vahrenkamp,R. (2005), S. 119f

Um die komplexen e-Fulfillment-Aufgaben realisieren zu können, werden folgende Anforderungen an moderne e-Fulfillment-Systeme gestellt:[154]

- Transparenz: Bestände und Informationen müssen stets sichtbar sein
- Hohe Flexibilität: Es muss schnell auf veränderte Situationen reagiert werden können
- Schnelle Lieferung
- Möglichkeit der Anbindung verschiedener Systeme
- Verlässlichkeit: Liefertermine müssen eingehalten werden, Vermeidung von Fehllieferungen

Ein Unternehmen, das sich schon seit einigen Jahren mit dem Thema e-Fulfillment beschäftigt, ist die Deutsche Post Fulfillment GmbH. „Sie bietet eFulfillment Komplettlösungen, einschließlich Versandhandelssoftware, Call Center und Finanzabwicklung an."[155]

6.7.2 Strategien der Sendungsverfolgung

6.7.2.1 Tracking & Tracing

Tracking-and-Tracing-Systeme sind sogenannte Sendungsverfolgungssysteme via Internet, die in der Logistik einen immer höheren Stellenwert einnehmen. Der Bereich des Trackings bezieht sich auf die Feststellung des aktuellen Aufenthaltsortes des zu überwachenden Gutes. Es kann somit zu jeder Zeit festgestellt werden, wo sich das Gut aktuell befindet. Der Bereich des Tracings ist für „die Verarbeitung und die Archivierung dieser Informationen" zuständig. Dies ist für die Sendungsverfolgung sehr wichtig, damit der Verlauf des Gutes kontinuierlich festgestellt werden kann. Moderne Techniken, wie GPS (Global Positioning System) oder AEI (Automatic Equipment Identification), sind wichtige Hilfsmittel, die mit Hilfe eines Satelliten gesteuert werden. Dies ermöglicht z.B. eine aktuelle und genaue Positionsabfrage der beladenen Fahrzeuge. Somit können Unternehmen schon frühzeitig bei Störungen reagieren und flexibel handeln. Andere wichtige Techniken sind zudem auch Transponder, die in Kapitel 6.7.2.3 genauer erklärt werden.[156]

---

[154] Vgl. Kuhn,A./Hellingrath,B. (2002), S. 166
[155] Vgl. Wannenwetsch,H./Nicolai,S. (2002), S. 184
[156] Vgl. Busch,A./Dangelmaier,W. (2004), S. 427

Tracking-and-Tracing-Systeme ermöglichen eine Verbesserung des Materialflusses, wodurch lokale Engpässe oder Überbestände vermieden werden können. Unternehmen erhalten somit eine vollständige Transparenz über den gesamten Transportweg. Zudem steigt die Zufriedenheit der Kunden, da eine zuverlässige Auslieferung der Waren und Güter realisiert werden kann.[157]

6.7.2.2 Barcoding

Das Gabler Logistiklexikon bezeichnet einen Barcode als einen Strichcode oder Balkencode und ist ein optischer Datenträger zur Kennzeichnung von Objekten. Dieser wird auf sämtliche Waren aufgedruckt und kann mit Hilfe eines Scanners gelesen werden.[158]

Der Barcode dient zur eindeutigen Identifizierung von Objekten, zur vereinfachten Objektverfolgung und zur Schnittstellenkontrolle.[159] Er enthält „Informationen über den Artikel, den Bestimmungsort sowie die Artikelherkunft, die anhand der ersten Ziffern zu erkennen ist."[160]

Barcodes werden in verschiedenen Bereichen der Logistik genutzt. Zum einen in der Warenwirtschaft, der Warenlogistik und der Warenauszeichnung und zum anderen im Transport und in der Lagerhaltung.[161]

Vorteile sind zudem:[162]

---

[157] Vgl. Wannenwetsch,H./Nicolai,S. (2002), S. 186f.
[158] Vgl. Klaus,P../Krieger,W. (2008), S. 41
[159] Vgl. Schmidt,M. (2007), S. 3
[160] Vgl. Wannenwetsch,H./Nicolai,S. (2004), S. 188
[161] Vgl. http://www.itwissen.info/definition/lexikon/Strichcode-bar-code.html
[162] Vgl. Wannenwetsch,H./Nicolai,S. (2004), S. 189

- Barcodes können bis zu einer bestimmten Entfernung gelesen werden

- Enthält bis zu 3000 Zeichen

- Lesbarkeit des Codes bei Beschädigung dennoch möglich (nur bis 30%)

6.7.2.3 Transponder

Unter Transponder-Technologien versteht man eine „Technik, bei der ein berührungsloser und funkgesteuerter Datenaustausch"[163] stattfinden kann. Hierzu zählt Radio Frequency Identifikation (RFID).

Der RFID-Tag besteht aus einem Chip und einer Antenne. Der RFID-Reader sendet über seine Antenne elektromagnetische Impulse beim Lesen eines Transponders aus. Mittels der elektromagnetischen Impulse erhält der Mikrochip die benötigte Energie und kann somit die gespeicherten Informationen an den Reader weitergeben. Je nach Art des Transponders kann die Reichweite zwischen einem und mehreren Metern liegen.[164]

Transponder können mehrfach verwendet werden, da die Informationen auf dem Chip mehrfach beschreibar sind und somit verändert, ergänzt oder gelöscht werden können. Transponder besitzen eine sehr hohe Speicherkapazität, haben eine geringe Fehlerquote beim Ablesen und viele Objekte können quasi „zeitgleich" erfasst werden. Die jeweiligen Prozesse, z.B. in der Wareneingangskontrolle, können somit schneller abgewickelt werden. Weitere Vorteile sind die Lokalisierbarkeit der Objekte und die hohe Datensicherheit. Im Bezug auf Fehlersicherheit und Flexibilität übertrifft momentan keine andere Identifikationstechnik das System des elektronischen Transponders.[165]

6.7.2.4 Satelliten-Systeme

Hierbei handelt es sich um das sogenannte Global Navigation Satellite System. Es ist ein „Positionierungssystem, dass Satelliten benutzt, um bestimmte Dinge zu orten"[166] und ist unterteilt in GPS (Global Positioning System), GLONASS und GALILEO.

---

[163] Vgl. Wannenwetsch,H. (2005), S. 331
[164] Vgl. Wannenwetsch,H. (2005), S. 331
[165] Vgl. Schulte,C. (2008), S. 96ff.
[166] Vgl. Wannenwetsch,H./Nicolai,S. (2002), S. 190

Unternehmen haben mittels dieser Satelliten-Systeme die Möglichkeit Waren mit einem GPS-Empfänger auszustatten, um später deren Position bei der Auslieferung exakt bestimmen zu können. In der Automobilbranche (z.B. bei Ford) wird dies schon seit einigen Jahren praktiziert.

6.7.3   Cross-Docking (CD)

Cross-Docking (CD) ist ein Verfahren im Bereich der Warenverteilung. Lagerbestände können verringert oder sogar komplett eliminiert und somit auch die Durchlaufzeit verkürzt werden. Der Grund für die Einführung von Cross-Docking ist die Zunahme an Engpässen von Laderampen. Die hohe Anzahl an LKWs in Innenstädten führt oft zu Anlieferungsschwierigkeiten und zu einem zu hohen Zeitaufwand. Um die Anzahl an Fahrzeugen zu verringern und eine bessere Anlieferung der Waren zu generieren, hat man CD entwickelt.[167]

Die Waren werden mit LKWs von den Herstellern zu einem Umschlagsplatz bzw. Distributionszentrum gebracht. Nach dem Eingang der Waren, werden diese direkt kundenbezogen sortiert, kommissioniert und direkt auf die ausliefernden LKWs umgeladen.[168] Zwischenlager und unausgelastete Transporte können vermieden und Prozesskosten gesenkt werden. Es werden unterschiedliche Arten beim Cross-Docking unterschieden:[169]

1. Einstufiges CD: Hersteller kommissioniert, verpackt und etikettiert die Waren kundengerecht. Die logistischen Einheiten werden unverändert an den Kunden weitergegeben.

2. Zweistufiges CD: Die sorten- oder artikelreinen Paletten werden nach Anlieferung im Umschlagszentrum filialgerecht kommissioniert und zusammengestellt. Die neuen logistischen Einheiten werden dann an den Kunden weitergeleitet.

3. Mehrstufiges CD: Ist eine Verfeinerung und Ergänzung des zweitstufigen CDs. Es beinhaltet noch weitere Prozessschritte, wie z.B. Value Added Services oder die Konfektionierung von Artikeln.

---

[167] Vgl. Wannenwetsch,H./Nicolai,S. (2002), S. 199
[168] Vgl. Wannenwetsch,H (2005), S. 269
[169] Vgl. Arnold,D. et al. (2008), S. 527

In der unteren Abbildung wird der Prozess des Cross-Dockings noch einmal visuell dargestellt.

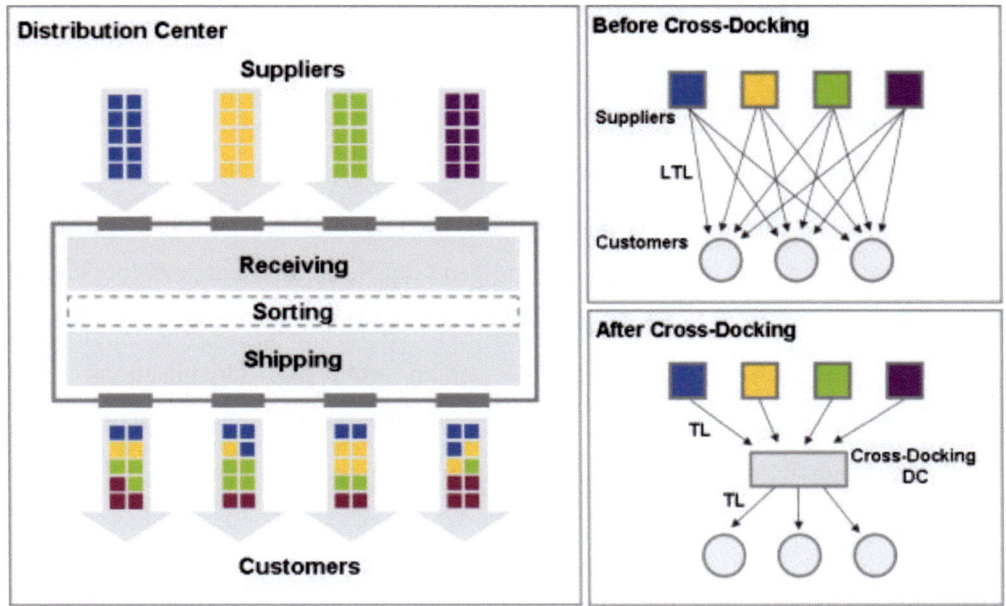

Abbildung 10: Cross-Docking[170]

[170] Vgl. http://people.hofstra.edu/geotrans/eng/ch5en/conc5en/img/crossdocking.gif

7 Praxisbeispiele

7.1 WebGIS[171] - DALOG Mehrwertdienste GmbH

Die DALOG Mehrwertdienste GmbH ist ein mittelständisches Unternehmen im Dienstleistungssektor mit den Standorten in Köln und Weiterstadt. Das Unternehmen stammt von der deutschen Datel-Gesellschaft (Gründungsjahr 1969) ab, die 1975 von der gsi Générale de Service Informatique übernommen wurde. Erst 1998 wurde der Geschäftsbereich DALOG zu einer eigenständigen GmbH, die bis heute erfolgreich und stetig wächst. Ziel der DALOG Mehrwertdienste GmbH ist, die Logistik nachhaltig effizient zu gestalten. Aufgabenbereiche gehen von der Organisations- und Strategieberatung über die Planung von Transportketten bis hin zur Umsetzung kombinierter Logistikkonzepte. Die Abläufe werden somit optimiert, kontrolliert und transparenter gestaltet.[172]

Im nächsten Abschnitt gebe ich einen Einblick in eine noch nicht auf dem Markt erhältliche Software namens WebGIS, die es ermöglicht eventuelle Schwierigkeiten im Bereich Fahrzeuglogistik auf einer Europakarte aktuell anzuzeigen, um eine schnelle Problembehebung zu offerieren. Das Konzept beruht auf die Fahrzeuglogistik bei Ford.

Bitte beachten Sie, dass der Inhalt dieses Konzeptes Eigentum der DALOG Mehrwertdienste GmbH bleibt und sowohl in schriftlicher als auch in mündlicher Form nicht an Dritte weitergegeben werden darf.

7.1.1 Aufgabenbereiche der Fahrzeuglogistik bei Ford

Die Ford Europe hat zum Ziel ihre produzierten Fahrzeuge schnell und kostengünstig an ihre weltweiten Händler bzw. Kunden zu befördern. Bei mehr als 150.000 Fahrzeugen in der Liefer-Pipeline kann sich dies als äußert komplex und schwierig erweisen. Ford hat ca. 100 Compounds in ganz Europa. Dies sind sogenannte Zwischenstationen in denen die Fahrzeuge einige Tage verweilen, bis sich diese auf den nächsten Transportabschnitt begeben und auf diverse Transportmittel, abhängig von Standort und Bestimmungsort, verladen werden. Hierzu zählen Schiffe, LKWs oder Züge.

---

[171] Vgl. Sadowski,P. (2011) - interne Unterlagen der DALOG Mehrwertdienste GmbH
[172] Vgl. http://rwservice.dalog-gmbh.de/basecmp/profil/geschichte

7.1.2 Der Aufbau des WebGIS-Konzeptes

Das Konzept WebGIS (Webbasiertes Geo-Informations-System) basiert auf die Werke und Compounds, die wie oben beschrieben aktuell mehr als 150.000 Fahrzeuge beinhalten und dort auf den nächsten Transport warten oder sich gerade auf einem der Transportwege befinden. WebGIS ermöglicht das schnelle Erkennen von Schwierigkeiten innerhalb der einzelnen Werke und Compounds in Europa. Es wird eine Europakarte angezeigt, die alle Werke und Compounds von Ford Europe enthalten. Bei Problemen werde diese mit rot unterlegt, damit das zuständige Personal direkt den Standort und das Problem erkennen und eingreifen kann. Dies spart Zeit und Geld.

Zum einen gibt es das Volumen-Problem, bei dem das Volumen des jeweiligen Compounds zu hoch ist. DALOG stellt vorher die Tabellen mit den kritischen Mengen der einzelnen Compounds und Werken zur Verfügung. Sollte also die Gefahr bestehen, dass die Kapazität des jeweiligen Compounds ausgelastet oder überschritten wird, kann dies zeitig erkannt und das Problem beseitigt werden.

Zum anderen kann es zu einem Standzeit-Problem kommen, bei dem die Standzeit der Fahrzeuge an den jeweiligen Standorten zu hoch ist und es zu einem Liefertermin Engpass kommen kann. Das WebGIS System kann frühzeitig erkennen, ob Fahrzeuge zu lange in Compounds oder Werken verweilen und dadurch der Liefertermin evtl. nicht eingehalten werden kann. Die maximale Standzeit der jeweiligen Fahrzeug-Modelle in Bezug auf den Bestimmungsort wird für jeden Compound vorher errechnet und festgelegt.

7.1.3 Funktionsweise von WebGIS

Jeder Benutzer erhält einen eigenen Benutzernamen mit Passwort, so dass nur autorisierte Personen in die Daten einsehen dürfen. Wichtig ist, dass von jedem User erkennbar ist, wann und von wem er angelegt wurde. Des Weiteren erhält mindestens ein Benutzer Admin-Rechte, der die Konten erstellen und verwalten kann.

Sobald sich der Benutzer angemeldet hat, baut sich ein Startbildschirm mit einer Europakarte auf, die alle Compounds und Werke von Ford aufzeigen. Über der Karte soll eine Titelleiste mit dem Anwendungsnamen, dem Benutzernamen, das DALOG-Logo, einem Button für Benutzereinstellungen sowie der Logout-Button enthalten.

Die rechte Seite enthält eine Funktionsleiste, die es ermöglicht gewisse Filterfunktionen einzugeben. Nachdem in der Filterliste eine bestimmte Einstellung festgelegt wird, werden nur noch die Compounds in der Karte markiert, die Fahrzeuge enthalten, die den Filterkriterien entsprechen. Um direkt in den „Pipeline-Report", einer Excel-Datei, die sämtliche Fahrzeug-Daten der aktuellen Liefer-Pipeline enthalten, zu gelangen, wird zusätzlich ein Button in der Funktionsleiste angelegt. Des Weiteren wird eine Legende angezeigt, das die Symbole der Karte definiert.

Die Informationsleiste enthält den aktuellen Bestand an Fahrzeugen, die in Bezug auf den eingestellten Filterkriterien auf der Karte angezeigt werden, die Versionsangabe sowie einen Helpdesk-link, welcher verlinkt ist mit der E-Mail Adresse des DALOG-Helpdesk, um Bugs und Störungen zu melden. Die folgende Abbildung zeigt einen ersten Design-Vorschlag der DALOG Mehrwertdienste GmbH.

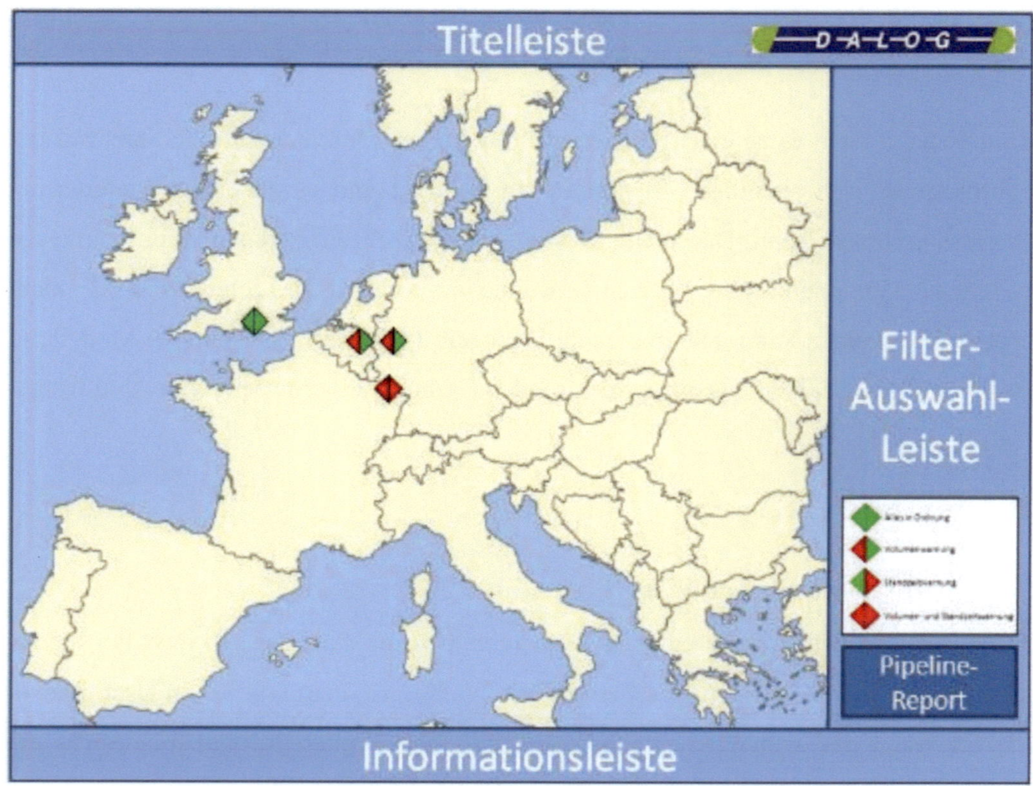

Abbildung 11: WebGIS Design-Vorschlag

WebGIS bezieht die benötigten Daten aus einer SQL-Datenbank, die zuvor aus einem Ford-internen System, dem „Pipeline-Report", gezogen wurden. Der „Pipeline-Report" enthält zu jedem Fahrzeug einen Datensatz mit genauen Informationen über den Status und Aufenthaltsort des Fahrzeuges. Hierbei sind nur die tagesaktuellen Daten von entscheidender Bedeutung.

Jedes Fahrzeug hat einen eigenen Datensatz, welches mehrere Informationen enthält:

- Fahrgestellnummer (VIN, vehicle identification number)
- **Modellbezeichnung (model)**
- **Produktionsstätte (plant)**
- Produktionsdatum (GR date, gate release date)
- angestrebtes Lieferdatum (target delivery date)
- **aktueller Aufenthaltsort (current location)**
- **aktueller Status**
- **Zielort (destination)**
- **Zielmarkt (market)**

Die fett markierten Eigenschaften sollen die sogenannten Filterkriterien im WebGIS System darstellen. Demzufolge können beim Filtern nach einer bestimmten Eigenschaft nur noch die Standorte auf der Karte angezeigt werden, die aktuell Fahrzeuge enthalten, die diese Filterkriterien besitzen. Es soll zudem die Möglichkeit bestehen innerhalb eines Kriteriums mehrere Eigenschaften zugleich zu filtern. Außerdem enthält die Filterleiste einen dynamischen Filter, um auch nur Filtermöglichkeiten anzuzeigen, zu denen es tatsächlich Datensätze gibt. Möchte man z.B. nach dem Model Kuga sowie nach dem Markt Deutschland filtern, dann darf auch nur die Filtermöglichkeit angegeben werden, wenn wirklich Kugas für den Markt Deutschland in den Daten vorhanden sind. Das Filterprinzip entspricht dem Prinzip der Filter von Pivot-Tabellen in Microsoft Excel.

Der „Pipeline-Report" enthält mehrere Datenfelder (Spalten), u.a. die Spalte LOGSTAT, welche den aktuellen Zustand des Fahrzeuges angibt. Im nächsten Abschnitt werde ich diese Spalte ausführlicher beschreiben.

LOGSTAT	Erklärung	Kategorie
TP	Transportation; Fahrzeug wird gerade von einem Compound in den nächsten transportiert	Unterwegs
AWTP	Awaiting Transportation, Fahrzeug wartet auf den Abtransport	Steht in einem Compound; Kriterium für die Standzeit-warnung
DELAY	Verzögerung	Steht in einem Compound
DELIV LOC	Wird für den Dealer im Compound verwahrt, gilt quasi als zugestellt	Steht in einem Compound
HOLD	Wird noch zurückgehalten	Steht in einem Compound
DLR HOLD	Wird für den Dealer zurückgehalten	Steht in einem Compound
IN VHC	Wartet im Vehicle Holding Center auf den Verkauf	Steht in einem Compound
97-421	Wird gerade modifiziert	Steht in einem Compound
98-431	Modifizierung beendet	Steht in einem Compound

Abbildung 12: LOGSTAT Eigenschaften

Im WebGIS System soll man die Möglichkeit besitzen zwischen stehenden (alle außer TP) und sich bewegenden Fahrzeugen (nur TP) hin und her zu schalten. Da es mehrere stehende Zustände gibt, muss auch weiterhin zwischen diesen gefiltert werden können. Das Standzeit-Problem kann natürlich nur bei den stehenden Fahrzeugen auftreten. Hier muss jedoch unterschieden werden zwischen Fahrzeugen, die aus bestimmten Gründen warten müssen und Fahrzeugen, die aufgrund von Schwierigkeiten nicht weitertransportiert werden. Daher soll die Standzeit nur bei Fahrzeugen überwacht werden, die den Status „AWTP" haben. Beim „TP" Fahrzeug wird der letzte Standort angezeigt.

7.1.4 Standortmarkierungen und Signalfunktion

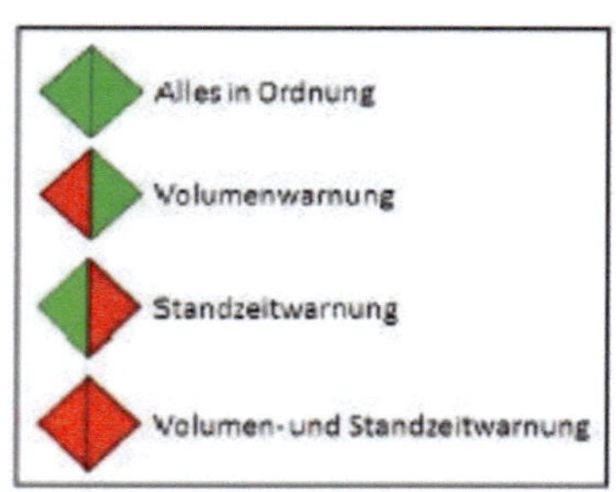

Auf der Europakarte sind die jeweiligen Standorte mit einem Symbol und dem jeweiligen Namen zu sehen. Auf der rechten Seite sind die jeweiligen Möglichkeiten dargestellt, die auftreten können. Ist in dem jeweiligen Compound alles in Ordnung, werden beide Felder grün angezeigt. Gibt es jedoch ein Volumen-Problem in einem der Compounds, dann wird das linke Feld rot markiert. Andersherum ist es beim Standzeit-Problem. Hier wird die rechte Seite markiert. Sollten beide Probleme auftreten ist das ganze Symbol rot untermalt.

Dieser Ampelfunktion soll noch eine gelbe Zwischenstufe zugewiesen werden, da das Problem auftreten kann, dass ein Symbol rot markiert wird, obwohl nur ein Fahrzeug eine zu hohe Standzeit aufweist und die restlichen 2.000 Fahrzeuge in Ordnung sind.

7.1.5 Funktionsweise der Europakarte

Beim Starten der WebGIS Software werden auf der Europakarte alle Standorte, an denen sich Fahrzeuge befinden, angezeigt. Es gibt zwei unterschiedliche Funktionen. Zum einen die Mouse-over-Funktion und zum anderen die Mausklick-Funktion.

Bei der Mouse-over-Funktion kann man mit dem Maus-Zeiger über einen der Standorte herüber fahren. Befindet sich der Maus-Zeiger nun über einen eventuell rot markierten Standort, wird ein Informationsfenster angezeigt, das den Namen des Standortes (ausgeschrieben und mit VMACS Bezeichnung), die Anzahl der Fahrzeuge, die den eingestellten Kriterien entsprechen und sich aktuell dort befinden sowie die Anzahl der Fahrzeuge, die ihre maximal zulässige Standzeit erreicht oder überschritten haben. Desweiteren soll angegeben werden, was bei einem Mausklick evtl. geschieht, wie z.B. Klicken, um Datentabelle aufzuzeigen.

Bei der Mausklick-Funktion wird nach dem Klick auf den Standort eine Tabelle angezeigt, die alle Fahrzeuge und dessen Informationen enthält, die sich aktuell dort befinden. Bei sogenannten Super-Compounds kann erst weiter in die Detailansicht gegangen werden, um dann später auf die einzelnen Compounds klicken zu können. Super-Compounds sind mehrere Compounds, die aus Platzgründen auf der Karte zu einem Standort zusammengefasst wurden. In der Detailansicht werden dann jedoch die genaue Bezeichnung und die Anzahl der Fahrzeuge direkt neben den Compounds angezeigt. Die gesamte Anwendung wird in englischer Sprache gehalten sein.

Die Daten werden mindestens achtmal täglich aktualisiert. Alle Informationen sind dem Management über Internet verfügbar und alle sind immer auf dem aktuellen Stand der Logistikinformation.

7.2   COSMon 1.0[173] – DALOG Mehrwertdienste GmbH

DALOG Mehrwertdienste GmbH hat eine neue Software entwickelt, womit der administrative Aufwand zur Überwachung von Umschlagsplätzen verringert werden kann. Das **C**arrier **O**nline **S**chedule **Mon**itoring – System, abgekürzt COSMon 1.0, dient dazu die Kontrolle der Liefertermine zu verbessern, die Standzeiten zu verkürzen, die Umschlagskapazität zu erhöhen und die Kapitalbindungskosten zu minimieren.

Die Software basiert auf modernste Internet-technologien und kann mit jedem Browser schnell und unkompliziert gestartet werden.

Abbildung 13: Super-Compounds

Es kann sowohl in bestehende Systeme integriert als auch autark betrieben werden, daher können Integrations-, Investitions- und Telekommunikationskosten stark reduziert werden.

COSMon 1.0 ist eine Web-Anwendung, die es ermöglicht Transporte optimal und effizient zu planen. Es verschafft einen Überblick über das zu transportierende oder bereits verplante Transportvolumen innerhalb eines Standortes. Mithilfe dieser Software können die transportierten Waren übersichtlich dargestellt werden, Spediteure haben die

---

[173] Vgl. http://rwservice.dalog-gmbh.de/basecmp/leistungen/cosmon?JOB_NAME=DisplayPage

Möglichkeit eine komfortable Erstellung der Transportpläne zu generieren und die Transportgüter können in Status-Gruppen („Warenzufluss", „Wareneingang", ...) eingeteilt werden, womit Spediteure und Disponenten einen besseren Überblick erhalten. COSMon wird voraussichtlich erst „als Pilot bei einem Kunden aus der Automobilindustrie zur Überwachung der Umschlagsaktivitäten in einem europäischen Hafen eingesetzt werden". Der Spediteur wird direkt mit eingebunden und kann über den Webbrowser seine Touren vor Ankunft der Waren im Hafen anmelden. Damit können, wie oben schon erwähnt, Standzeiten verringert und eventuelle Engpässe frühzeitig erkannt werden.

COSMon 1.0 wird allen Beteiligten über Internet zur Verfügung gestellt. Es gibt also hier für die Hersteller ein „Cloud Computing". Es muss niemand eine eigene Anwendung kaufen oder installieren. Einfaches Anmelden genügt. Der Vorteil hier liegt klar auf der Hand. Informationen über Fahrzeuge die z.B. per Seefracht aus der Türkei kommen liegen bereits zwei Wochen vor Ankunft in Hafen vor. Zollfreigaben können erfolgen, bevor die Fahrzeuge überhaupt eingetroffen sind. Spediteure können Ihre Abhol-LKW schon planen vor Ankunft des Schiffes. Das führt dazu, dass der überwiegende Teil der eintreffenden Neufahrzeuge sofort abgefahren werden kann. Die Zeitersparnis im Hafen beträgt bis zu drei Tagen.

8 Trends in der Zukunft

Wie sich die Logistik bzw. das Supply Chain Management in den verschiedenen Dienstleistungsbranchen in der Zukunft entwickeln wird, kann keiner genau voraussehen. Es gibt jedoch Prognosen, die besagen, dass sich das e-Supply Chain Management zukünftig noch stärker ausprägen wird und auch klein- und mittelständische Unternehmen darauf zugreifen werden. E-Business Konzepte, wie Customer Relationship Management oder e-Commerce und e-Procurement werden immer wichtiger für die jeweiligen Unternehmen im globalen Wettbewerb. Dazu kommt, dass die IT-Entwicklung nicht stillsteht und neue Technologien in der Zukunft entwickelt und eingesetzt werden.[174]

Sam Palmisan, Präsident der IBM Corporation, stellt sich die Supply Chain in der Zukunft folgendermaßen vor:[175]

- Informationen werden verstärkt automatisch erzeugt und übermittelt (→Sensoren, RFID-Transponder, Messgeräte, Bedienungselemente, GPS etc.) „Warenbestände werden sich selbst zählen, Container ihren Inhalt selbst identifizieren und Paletten werden selbstständig berichten, wenn sie am falschen Platz landen."
- Die komplette Supply Chain wird stärker miteinander vernetzt sein, sodass in globalen Supply Chain Netzwerken gemeinsam geplant werden kann, sowie wichtige Entscheidungen über Grenzen hinweg getroffen werden können.
- Supply Chain Lösungen werden immer intelligenter. Neue Systeme werden zunehmend in der Lage sein Entscheidungen selbst zu treffen, um damit die Reaktionsgeschwindigkeit zu erhöhen und die Eingriffe durch Menschen zu reduzieren.

Prof. Dr. Ing. Klaus North berichtet in seiner Studie „Trends im Supply Chain Management" von einer immer schlanker werdenden Supply Chain, die sich schnell, flexibel und dynamisch an veränderte Kundenwünsche anpassen kann. Das Umfeld sowie die Anforderungen an Unternehmen werden sich zukünftig weiter verändern. Es ergeben sich neue Herausforderungen an die Unternehmen aufgrund der steigenden Wettbewerbssituation. Kunden „fordern kürzere Durchlaufzeiten, höhere Qualität und mehr Zusatzleistungen (value added services)". Supply Chain Manager müssen sich in der

---

[174] Vgl. Kuhn,A./Hellingrath,B. (2002), S. 156
[175] Vgl. http://www-05.ibm.com/de/pov/supplychain/index3.html

Zukunft verstärkt mit kürzeren Produktlebenszyklen und einer erhöhten Anzahl an ausländischen Geschäftspartnern auseinandersetzen.[176]

Zusammenfassend kann gesagt werden, dass das Supply Chain Management zukünftig „wesentlich kosten- und wettbewerbsintensiver, komplexer, dynamischer, schneller, digitaler, globaler, vernetzter und individueller sein [wird] als heute.“[177]

---

[176] Vgl. http://www.bwl.fh-wiesbaden.de/wld/wld-2_report.pdf
[177] Vgl. http://www.ebs.edu/smi/777.html

9 Zusammenfassung

Die Bachelor Thesis mit dem Titel „Wege der Optimierung entlang der Supply Chain in Bezug auf moderne Informations- und Kommunikationstechnologien" gibt Aufschluss über die verschiedenen Möglichkeiten für Klein-, Mittel- und Großunternehmen zur Verbesserung der Supply Chain mit Hilfe moderner Informations- und Kommunikationstechnologie. Diese Arbeit beinhaltet eine genaue Definition des Supply Chain Managements, Instrumente zur Optimierung der Supply Chain, e-Business Lösungen und Aktivitäten, eine genaue Beschreibung und Definition des e-Supply Chain Managements und dessen verschiedenen Anwendungsbereiche in Klein-, Mittel- und Großbetrieben, Praxisbeispiele und Thesen in Bezug auf zukünftige Entwicklungen des SCMs.

Im zweiten Kapitel wird der Begriff des Supply Chain Managements u.a. beschrieben als die Planung und Steuerung der Prozesse entlang der Wertschöpfungskette vom Hersteller bis hin zum Endkunden. SCM verfolgt unterschiedliche Ziele, wie z.B. Kostensenkung, Senkung der Gesamtlaufzeit, Erhöhung der Transparenz und Steigerung der Kundenzufriedenheit. Es werden Optimierungsmaßnahmen zur Linderung des Bullwhip-Effekts genannt und beschrieben. Hierzu zählen Verfahren, wie z.B. das Vendor Managed Inventory (VMI), Cross-Docking, Efficient Consumer Response (ECR) und Collaborative Planning Forecasting und Replenishment (CPFR).

Das dritte Kapitel gibt Aufschluss über die Rolle der IT in der Supply Chain. Diese nimmt seit Jahren stets an Bedeutung zu und Unternehmen stehen vermehrt vor großen Herausforderungen, um weiterhin am Markt konkurrenzfähig zu bleiben. Die Informationstechnologie ermöglicht dem Unternehmen ganz neue Handlungsoptionen und daher steigt auch die Nachfrage nach neuen Verfahren. Die Informationstechnologie übernimmt drei verschiedene Rollen im Supply Chain Management. Sie dient als Supporter, Integrator und Enabler. Die Unterstützung moderner Informations- und Kommunikationssysteme lässt eine neue Form des Supply Chain Managements zu – dem e-Supply Chain Management.

Im nächsten Kapitel werden die einzelnen Instrumente, die für eine erfolgreiche e-SCM-Realisierung benötigt werden, genannt und beschrieben. Es wird unterschieden in moderne Kommunikationstechnologien, wie z.B. Internettechnologien, XML und EDI, die sich mit dem Datenaustausch entlang der Supply Chain beschäftigen, und den Front-End-Informationstechnologien, wie z.B. Online-Shops, Elektronische Marktplätze,

Portale usw., die sich mit der Abwicklung prozessorientierter Transaktionen zwischen e-Supply Chain Partnern befassen. Mithilfe dieser Modelle können Beschaffungsprozesse (e-Procurement) und Vertriebsprozesse (e-Sales) zu Geschäftskunden (B2B) und Endkonsumenten (B2C) optimiert werden.

Im fünften Kapitel wird e-Business als eine Art Anbahnung, Vereinbarung und Abwicklung elektronischer Geschäftsprozesse, zur Erzielung einer Wertschöpfung definiert, und dient als Enabler, um neue Geschäftsmodelle zu implementieren sowie Lösungsansätze bei Problemstellungen zu geben. Zudem werden E-Business Aktivitäten genannt und beschrieben. Dazu zählen u.a. e-Commerce, e-Information, e-Collaboration und e-Communication.

Im zweiten Teil wird der Begriff des e-Supply Chain Managements näher definiert und erläutert. E-Supply Chain Management ist der Datenaustausch bzw. die Kopplung der IT-Systeme der Supply Chain Partner über das Internet, um Informationen schnell und flexibel auszutauschen und die Geschäftsprozesse der Wertschöpfungskette unternehmensübergreifend zu planen und zu steuern. E-Business ermöglicht im Supply Chain Management die Geschäftsprozesse zu optimieren und die Reaktionsfähigkeit, Flexibilität, Echt-Zeit-Kontrolle und Kundenzufriedenheit zu steigern. Das e-SCM-System ist aufgebaut in drei Ebenen – dem Supply Chain Design, Supply Chain Planning und Supply Chain Execution. Die Data Warehouse Technologie ermöglicht eine Verbesserung des Informationsflusses entlang der e-Supply Chain und ist daher eine optimale Schnittstelle zu vielen unterschiedlichen Systemen, wie Customer-Relationship Management-, Supply Chain Management- oder Balanced Scorecard-Systemen.

Das sechste Kapitel gibt Auskunft über die e-SCM Anwendungsbereiche in Klein-, Mittel- und Großbetrieben. E-Marketing nutzt e-Business-Technologien, um auch im Internet Kunden zu erreichen und, um z.B. auf die Produkte oder Dienstleistungen der Unternehmen aufmerksam zu machen. E-SRM verwendet moderne Informations- und Kommunikationstechnologien sowie e-Procurement-Anwendungen, um das Lieferantenmanagement effizienter und kostengünstiger zu gestalten. E-CRM ist eine Kombination aus CRM und e-Business, e-Commerce und Internettechnologien. Mit Hilfe dieser Technologien sollen die Kundenwünsche und -bedürfnisse verbessert werden. Unter e-Procurement versteht man den betrieblichen Einkauf von Waren auf elektronischer Basis. Unternehmen können über das Internet benötigte Waren schneller und kostengünstiger einkaufen. Beim e-Sales geht es um den elektronischen Vertrieb von Waren und Dienstleistungen über das Internet. Im Gegensatz dazu beschäftigt sich der e-Service mit der Abwicklung von Leistungen über das Internet. Es bietet den Kunden einen kundenorientierten und umfangreichen Service über moderne Informations- und Kommunikationstechnologien. Die e-Distribution handelt von der elektronischen Abwicklung aller Geschäftsprozesse, die nach der Online-Bestellung einsetzen. Hinzu kommen alle Prozesse, die sich mit der Auslieferung der Waren beschäftigen. Unter e-Fulfillment versteht man eine vollständige Auftragsabwicklung, die von der Bestellung via Internet über Bezahlung, Lagerung und Transport bis hin zur Auslieferung der Ware geht. Hinzu kommen die Bereiche After-Sales-Service sowie Entsorgung. Zudem werden in diesem Kapitel die Strategien der Sendungsverfolgung mit Hilfe von Tracking & Tracing-Systemen, Barcoding, Transponder und Satelliten-Systemen erläutert.

Das siebte Kapitel enthält Praxisbeispiele der DALOG Mehrwertdienste GmbH. Die WebGIS-Software ist für die Fahrzeuglogistik entwickelt worden und ermöglicht das schnelle Anzeigen von Volumen- oder Standzeitproblemen in Compounds bzw. Werken. Das zuständige Personal kann somit direkt den Standort und das Problem erkennen und eingreifen. COSMon 1.0 ist eine Web-Anwendung, die es ermöglicht Transporte optimal und effizient zu planen. Es verschafft einen Überblick über das zu transportierende oder bereits verplante Transportvolumen innerhalb eines Standortes. Mithilfe dieser Software können die transportierten Waren übersichtlich dargestellt werden.

Das letzte Kapitel zeigt die Entwicklung des Supply Chain Managements in der Zukunft auf. Es wird davon ausgegangen, dass die Supply Chains zukünftig immer schlanker werden, da sich diese immer schneller, flexibler und dynamischer an veränderte Kundenwünsche anpassen müssen. Zudem wird behauptet, dass das Supply Chain Management wesentlich kosten- und wettbewerbsintensiver, komplexer, vernetzter und individueller sein wird als heute.

10 Literatur

Angelie,S./Kundler,W. (2008): Der Online Shop. Handbuch für Existenzgründer, München: Markt+Technik Verlag

Arnold,D. et al. (2008): Handbuch Logistik, 3. Auflage, Berlin/Heidelberg: Springer Verlag

Bartsch,H./Bickenbach,P. (2001): Supply Chain Management mit SAP APO. Supply-Chain-Modelle mit dem Advanced Planner & Optimizier 3.1, 2.Auflage, Bonn: Galileo Press GmbH

Bea,F./Friedl,B./Schweitzer,M. (2005): Allgemeine Betriebswirtschaftslehre, Bd. 2: Führung, 9.Auflage, Stuttgart: Lucius & Lucius Verlagsgesellschaft mbH

Benninger,S./Grandjot,H.H. (2001): Supply Chain Revolution durch E-Commerce, Hamburg: Deutscher Verkehrs-Verlag

Bliemel,F./Fassot,G./Theobald,A. (Hrsg.) (2000): Electronic Commerce. Herausforderungen – Anwendungen – Perspektiven, 3.Auflage, Wiesbaden

Bogaschewski,R./Michaeli,A. (2011): Die Zukunft des E-Procurement. In: Beschaffung aktuell, Nr. 05/11, S. 34-37

Busch,A./Dangelmaier,W. (Hrsg.) (2004): Integriertes Supply Chain Management. Theorie und Praxis effektiver unternehmensübergreifender Geschäftsprozesse, 2.Auflage, Wiesbaden: Gabler / GWV Fachverlage GmbH

Cooper,M.C./Lambert,D.M./Pagh,J.D. (1997): Supply Chain Management. More than a New Name for Logistics. In: The International Journal of Logistics Management 8(1997)1, S. 1-14.

Gebhardt,F. (2008): Internetbasierte Anwendungen des Supply Chain Managements, Studienarbeit, Grin Verlag

Helmke,S./Uebel,M./Dangelmaier,W. (Hrsg.) (2008): Effektives Customer Relationship Management. Instrumente – Einführungskonzepte – Organisation, 4. Auflage, Wiesbaden: Gabler/ GWV Fachverlage GmbH

Hippner,H./Wilde,K.(Hrsg.) (2006): Grundlagen des CRM. Konzepte und Gestaltung Betriebswirtschaftlicher, 2.Auflage, Wiesbaden: Verlag Dr. Th. Gabler/ GWV Fachverlage GmbH

Klaus,P./Krieger,W. (Hrsg.) (2008): Gabler Lexikon Logistik. Management logistischer Netzwerke und Flüsse, 4.Auflage, Wiesbaden: Gabler / GWV Fachverlage GmbH

Kollmann,T. (2007): E-Business. Grundlagen elektronischer Geschäftsprozesse in der Net Economy, Wiesbaden: Betriebswirtschaftlicher Verlag Dr. Th. Gabler / GWV Fachverlage GmbH

Kuhn,A./Hellingrath,H. (2002): Supply Chain Management. Optimierte Zusammenarbeit in der Wertschöpfungskette, Berlin/Heidelberg: Springer-Verlag

Lang, C. (2010): Efficient Consumer Response, Studienarbeit, Grin Verlag

Lawrenz,O. et al. (2001): Supply Chain Management. Konzepte, Erfahrungsberichte und Strategien auf dem Weg zu digitalen Wertschöpfungsnetzen, 2. Auflage, Braunschweig/Wiesbaden: Friedr. Vieweg & Sohn Verlagsgesellschaft mbH

Lenz,T. (2008): Supply Chain Management und Supply Chain Controlling in Handelsunternehmen , Wismarer Schriften zu Management und Recht, Band 16, Hrsg.: Jost W. Kramer et al., Bremen/Hamburg: Salzwasser GmbH & Co.KG

Liebhart,D. (2007): SOA goes real: Service-orientierte Architekturen erfolgreich planen und einführen, München/Wien: Carl Hanser Verlag

Maaß,C. (2008): E-Business Management, Stuttgart: Lucius & Lucius Verlagsgesellschaft mbH

Meier,A./Stormer,H. (2008): eBusiness & eCommerce. Management der digitalen Wertschöpfungskette, 2.Auflage, Berlin/Heidelberg: Springer-Verlag

Melzer-Ridinger,R. (2003): FAQ. Die Hundert wichtigsten Fragen zu Supply Chain Management, Troisdorf: FORTIS im Bildungsverlag EINS GmbH

Platt,M. (2008): Ein Modell zur Nutzung von E-Business Mashups in Unternehmensportalen, Diplomarbeit, Grin Verlag

Preißner,A. (2002): Electronic Procurement in der Praxis. Die neue Beschaffung: Systeme, Prozesse, Organisation, München/Wien: Carl Hanser Verlag

Reindl,M./Oberniedermaier,G. (2002): eLogistics. Logistiksysteme und -prozesse im Internetzeitalter, München: Addison-Wesley Verlag

Röderstein,R. (2009): Erfolgsfaktoren im Supply Chain Management der DIY-Branche, Dissertation Universität Siegen, Wiesbaden: Gabler / GWV Fachverlage GmbH

Sadowski,P. (2011): Projektbeschreibung WebGis, interne Unterlagen der Dalog Mehrwertdienste GmbH, o.O.

Schmidt,D. (2006): RFID im Mobile Supply Chain Event Management. Anwendungsszenarien, Verbreitung und Wirtschaftlichkeit, 1. Auflage, Wiesbaden: GWV Fachverlage GmbH

Schmidt,M. (2007): Barcode versus RFID – Eine Gegenüberstellung der Vor-und Nachteile, Hauptseminararbeit, Grin Verlag

Schulte,C. (2008): Logistik. Wege zur Optimierung der Supply Chain, 5. Auflage München: Verlag Vahlen

Schulze,U. (2009): Informationstechnologieeinsatz im Supply Chain Management –
Eine konzeptionelle und empirische Untersuchung zu Nutzenwirkungen und Nutzen-
messung, Schriften des Kühne-Zentrums für Logistikmanagement, Hrsg.: Jürgen
Weber; 1.Auflage, Wiesbaden: Gabler Fachverlag GmbH

Schweizer,P. (2003): Erarbeitung eines Konzepts für die Integration eines Shops-
Systems mit ERP-Anbindung in ein Geschäftsportal, Diplomarbeit, Grin Verlag

Silberberger, H. (2003): Collaborative Business und Web Services. Ein Management-
leitfaden in Zeiten technologischen Wandels, 1.Auflage, Berlin/Heidelberg: Springer-
Verlag

Stoll,P. (2007): E-Procurement. Grundlagen, Standards und Situation am Markt,
Wiesbaden: Vieweg & Sohn Verlag / GWV Fachverlage GmbH

Thaler,K. (2007): Supply Chain Management. Prozessoptimierung in der logistischen
Kette, 5. Auflage, Troisdorf: Bildungsverlag EINS GmbH

Vahrenkamp,R. (2005): Logistik. Management und Strategien, 5.Auflage, München:
Oldenbourg Wissenschaftsverlag GmbH

Voigt,K.-I./Landwehr,S./Zech,A. (2003): Elektronische Marktplätze. E-Business im
B2B-Bereich, Heidelberg: Physica-Verlag

Wannenwetsch,H./Nicolai,S. (2002): E-Supply-Chain-Management. Grundlagen –
Strategien – Praxisanwendungen, Wiesbaden: Betriebswirtschaftlicher Verlag Dr. Th.
Gabler/ GWV Fachverlage GmbH

Wannenwetsch,H. (2005): Vernetztes Supply Chain Management. SCM-Integration
über die gesamte Wertschöpfungskette, Berlin/Heidelberg: Springer-Verlag

Werner,H. (2010): Supply Chain Management. Grundlagen, Strategien, Instrumente und
Controlling, 4. Auflage, Wiesbaden: Gabler Verlag / Springer Fachmedien GmbH

Wochnik,L. (2010): Die Steigerung des Unternehmenswertes durch Supply Chain
Management. Darstellung und Diskussion wertorientierter Supply Chain Kennzahlen
auf Grundlage des SCOR-Modells, Diplomarbeit, Grin-Verlag

Internetquellen:

Staufer, Frederick (2002): Supply Chain Management. Kooperationen mit Mehrwehrt für alle Beteiligten. URL: http://www.future-network.at/events_3.asp?eventid=159 [Stand: 6.05.2011]

URL: http://www.economics.phil.uni-erlangen.de/bwl/lehrbuch/kap3/scm/scm.PDF [Stand: 6.05.2011]

URL: http://www.business-wissen.de/handbuch/supply-chain-management/supply-chain-management-und-die-zusammenarbeit-mit-lieferanten/ [Stand: 6.05.2011]

Kämpf,R./Trapero,M. (o.J.): Referenzmodelle für das Supply Chain Management. URL: http://www.ebzberatungszentrum.de/logistikseiten/artikel/referenz-scm.html [Stand: 6.05.2011]

Supply Chain Council (2010): Supply Chain Operations Reference (SCOR) Model. Overview-Version 10.0. URL: http://supplychain.org/f/SCOR-Overview-Web.pdf [Stand: 7.05.2011]

URL: http://supply-chain.org/about [Stand: 7.05.2011]

Stölzle,W./Halsband,E. (2005): Das Supply Chain Operations Reference (SCOR)-Model, Controlling, Heft 8/9, URL: www.alexandria.unisg.ch/export/DL/37087.pdf [Stand: 7.05.2011]

URL: http://www.advanced-planning.de/advancedplanning-239.htm [Stand: 8.05.2011]

Riemel,K. (2008): Bullwhip Effekt. URL: http://www.enzyklopaedie-der-wirtschaftsinformatik.de/wi-enzyklopaedie/lexikon/informationssysteme/crm-scm-und-electronic-business/Supply-Chain-Management/Planung-in-Lieferketten-und--netzwerken/Bullwhip-Effekt [Stand: 8.05.2011]

o.V. (o.J.): Der Bullwhip-Effekt. URL: www.springer.com/?SGWID=4-102-45-148923-0 [Stand: 8.05.2011]

Locker,A./Kreisel,B. (2010): Vendor Managed Inventory (VMI). Bestände reduzieren und Verfügbarkeit sichern, in: Beschaffungsmanagement, 2/10, S 12-15. URL: http://www.soltar.biz/tl_files/artack/downloads/100223%20Vendor%20Managed%20Inventory _final.pdf [Stand: 10.05.2011]

Heipri (2008): Was tun gegen den Bullwhip Effekt? URL: http://heipri.wordpress.com/2008/07/04/was-tun-gegen-den-bullwhip-effekt/ [Stand: 10.05.2011]

URL: http://www.vnl.at/ECR.204.0.html [Stand: 10.05.2011]

URL: http://www.vnl.at/CPFR.188.0.html [Stand: 10.05.2011]

URL: http://old-skool.net/knowledgebase.php?rubrik=0&topic=0&page=3.1. [Stand: 11.05.2011]

Voß,S. (05/06): Informationsmanagement. URL: http://iwi.econ.uni-hamburg.de/IWIWeb/Uploads/Lecture/IM/IM%20WS0506%20Folien%2008.pdf [Stand: 15.05.2011]

URL: http://www.businessdeutschland.de/branchenbuch/branchen/informationstechnologie-kommunikationstechnologie.html [Stand: 18.05.2011]

Kämpf,R./Martino,L. (2004): E-SCM – Verknüpfung von e-Business und Supply Chain Management. URL: http://www.ebz-beratungszentrum.de/logistikseiten/artikel/escm1.htm [Stand: 18.05.2011]

Redaktion DSLV (o.J.): Elektronischer Geschäftsverkehr. URL: http://dslv.org/de/site/37//sn37/page/branchendaten/index.xml [Stand: 19.05.2011]

URL: http://www.bmwi.de/BMWi/Navigation/Mittelstand/e-business,did=195978.html [Stand: 25.05.2011]

URL: http://wirtschaftslexikon.gabler.de/Definition/portal.html [Stand: 30.05.2011]

URL: http://www.ecollaboration.info/vorteile-durch-ecollaboration.php [Stand: 02.06.2011]

URL: http://www.fassnachtct.com/informationen/texte/ecollaboration.htm [Stand: 04.06.2011]

Eggert,A./Fassott,G. (o.J.): Elektronisches Kundenbeziehungsmanagement (eCRM). URL: http://www.marketing.ch/wissen/crm/ecrm.pdf [Stand: 10.06.2011]

Galal,M.M. (2010): Zusatzverkäufe durch Cross- und Up-Selling generieren. URL: http://www.onpulson.de/themen/2179/zusatzverkaeufe-durch-cross-und-up-selling-generieren/ [Stand: 16.07.2011]

URL: http://www.itwissen.info/definition/lexikon/customer-interaction-center-CIC.html [Stand: 19.07.2011]

URL: http://www.vnl.at/Fulfillment.255.0.html [Stand: 22.07.2011]

URL: http://www.itwissen.info/definition/lexikon/Strichcode-bar-code.html [Stand: 25.07.2011]

URL: http://people.hofstra.edu/geotrans/eng/ch5en/conc5en/img/crossdocking.gif [Stand: 5.08.2011]

URL: http://rwservice.dalog-gmbh.de/basecmp/leistungen/cosmon?JOB_NAME=DisplayPage [Stand: 10.08.2011]

URL: http://www-05.ibm.com/de/pov/supplychain/index3.html [Stand: 13.08.2011]

North,K. (2005): Trends im Supply Chain Management. Eine Studie der Logistikgruppe des 5. Semesters International Business Administration, Fachhochschule Wiesbaden URL: http://www.bwl.fh-wiesbaden.de/wld/wld-2_report.pdf [Stand: 13.08.2011]

URL: http://www.ebs.edu/smi/777.html [Stand: 13.08.2011]